新教育課程を創る

学校経営戦略

カリキュラム・マネジメントの理論と実践

天笠　茂 著

ぎょうせい

はしがき

　その先の日本を展望しつつ 2030 年に向けた 10 年が始まった。大きな変化が待ち受けるなか、先陣を切るように新しい学習指導要領のもとでの学校教育がスタートする。社会の変化を受け止めつつ、学校は、目指すところに向けてどのように舵を切り進路を開いていくか。人々の関心は高い。

　学校にとって、その道標となるのが新しい学習指導要領であり、具体化にあたってカギを握るのがカリキュラム・マネジメントである。これをいかに活用して展開をはかり学校づくりを進めていくかが問われている。

　しかし、そのカリキュラム・マネジメントについての理解や取組が、本格実施を迎えた今日の時点においても、十分とはいえず戸惑いをみせる学校もみられる。

　それら学校に共通してみられるのは、教職員の間での共通理解の乏しさであり、カリキュラム・マネジメントについて当事者意識に乏しい教職員の存在である。とりわけ、カリキュラム・マネジメントを管理職のものとしてとらえる教職員が多くを占める学校に、その傾向は顕著である。

　カリキュラム・マネジメントは、教育課程で考え実践する学校をつくる手立てである。校長から学級担任まで、すべての教職員が担い、新しい学習指導要領の趣旨や理念の実現をはかる方策としてカリキュラム・マネジメントはある。それは、教職員それぞれに授業改善を迫り、教育の質の向上を目指して学校改善を進める組織をあげての営みである。

　本書の意図するところは、すでにカリキュラム・マネジメントに取り組んでいる学校に、また、これから始める学校に、校長をはじめ一人一人の教職員にカリキュラム・マネジメントの理論と実践に関わるメッセージを届けることにある。

　本書は、このたび書き下ろした拙稿をはじめとして、『新教育課程ライブ

ラリⅠ』における 2016（平成 28）年 1 月から 12 月までの連載（「新課程を生かすカリキュラム・マネジメント」）、『新教育課程ライブラリⅡ』における 2017（平成 29）年 1 月から 12 月までの連載（「新課程に向けた学校づくりの実践課題」）、『リーダーズ・ライブラリ』における 2018（平成 30）年 4 月から 2019（平成 31）年 3 月までの連載（「学校経営の地図」）、および、広島大学附属小学校『学校教育』における 2018（平成 30）年 4 月から 2019（平成 31）年 3 月までの連載（「戦略と手法のカリキュラム・マネジメント」）などの連載を柱にして、同時期に他誌に掲載した論文などを加えて加筆修正をはかり全体をまとめたものである。

　カリキュラム・マネジメントを実践する学校や教職員の皆様に、新たなる局面を拓くにあたって、本書がその一助となれば幸いである。

　改めて、本書の刊行にあたり、編集の労を取っていただいたぎょうせいの皆様に心より感謝を申し上げたい。

　2020（令和 2）年 1 月

天笠　茂

新教育課程を創る学校経営戦略
カリキュラム・マネジメントの理論と実践

■目次■

第Ⅰ部　理論編

第1章　これからの社会と学習指導要領の改訂

第2章　新学習指導要領とカリキュラム・マネジメント

第3章　カリキュラム・マネジメントの来歴 学習指導要領改訂の歴史

第Ⅱ部　実践編

第1章　授業を変える 教科等横断をどうとらえる

第2章　学校を変える

第Ⅰ部

理論編

第 1 章

これからの社会と
学習指導要領の改訂

1

このたびの学習指導要領改訂の歴史的意義

　積み重ねられてきた学習指導要領の改訂。このたびの 2017（平成 29）年に改訂された学習指導要領もまた改訂の歴史に新たなページを加えることとなった。

　表1は、1947（昭和 22）年以来の改訂の歩みをまとめたものである。それぞれの時代の課題を背負い、改訂を重ねながらこのたびの改訂に至った。改めて、その歩みを俯瞰することを通して、学習指導要領の存在が、その改訂の積み重ねが、わが国の教育課程行政の中枢に位置付けられ、戦後の学校教育を牽引してきたことがとらえられる。

　その意味で、学習指導要領は、改訂を重ねて次に引き継ぐことを通して、命脈を保ってきたとみることもできる。改訂は、1 回ごとに完結された営みというよりも、前の学習指導要領で残された課題を引き継ぎ、また、残された課題を次に引き渡す営みということもできる。さしずめ、このたびの改訂は、前の学習指導要領で掲げられた "言語活動の充実" を、改訂を通して "言語能力の確実な育成" としてバトンを引き継いだとみることができる。

「生きる力」が目指した到達点

　この学習指導要領改訂の歴史のなかで、「生きる力」が登場するのは、平成 10 年版学習指導要領からである。総合的な学習の時間などを創設した学習指導要領の改訂の方向性を示した教育課程審議会の答申は、21 世紀に求められる資質・能力として「生きる力」を提起した。

　1996（平成 8）年、平成 10 年版学習指導要領の基本的な理念を打ち出し

表1 幼稚園、小学校、中学校、高等学校学習指導要領の変遷

・学習指導要領（試案）	一般編の発行	1947（昭和22）3.20
	実施	1947（昭和22）4
・保育要領－幼児教育の手引き－		1948（昭和23）
・学習指導要領（試案）	一般編の発行	1951（昭和26）7.10
・社会科編改訂	発行	1955（昭和30）12
・幼稚園教育要領		1956（昭和31）
・学習指導要領	告示	1958（昭和33）10.1
	実施 小学校	1961（昭和36）4
		（道徳1961（昭和33）10）
	中学校	1962（昭和37）4
	高等学校	1963（昭和38）4（学年進行）
・幼稚園教育要領	告示	1964（昭和39）3
	実施	1964（昭和39）4
・学習指導要領	告示 小学校	1968（昭和43）7.11
	中学校	1969（昭和44）4.14
	実施 小学校	1971（昭和46）4
	中学校	1972（昭和47）4
	高等学校	1973（昭和48）4（学年進行）
・学習指導要領	告示	1977（昭和52）7.23
	実施 小学校	1980（昭和55）4
	中学校	1981（昭和56）4
	高等学校	1982（昭和57）4（学年進行）
・幼稚園教育要領	告示	1989（平成元）3
	実施	1990（平成2）4
・学習指導要領	告示	1989（平成元）3.15
	実施 小学校	1992（平成4）4
	中学校	1993（平成5）4
	高等学校	1994（平成6）4（学年進行）
・幼稚園教育要領	告示	1998（平成10）12
	実施	2000（平成12）4
・学習指導要領	告示	1998（平成10）12.14
	実施 小学校	2002（平成14）4.1
	中学校	2002（平成14）4.1
	高等学校	2003（平成15）4（学年進行）
・学習指導要領一部改正		2003（平成15）12.26
・幼稚園教育要領	告示	2008（平成20）3.28
	実施	2009（平成21）4.1
・学習指導要領	告示	2010（平成20）3.28
	実施 小学校	2011（平成23）4.1

		中学校	2012（平成 24）4. 1
		高等学校	2013（平成 25）4（学年進行）
・学習指導要領一部改正			2015（平成 27）3. 27
・幼稚園教育要領	告示		2017（平成 29）3. 31
	実施		2018（平成 30）4. 1
・学習指導要領	告示		2017（平成 29）3. 31
	実施	小学校	2020（令和 2）4. 1
		中学校	2021（令和 3）4. 1
		高等学校	2022（令和 4）（学年進行）

た中央教育審議会第一次答申は、「『生きる力』の育成を基本とし、知識を一方的に教え込むことになりがちであった教育から、子供たちが、自ら学び、自ら考える教育への転換を目指す」と述べ、育成すべき資質・能力を次のようにあげた。

・国語を尊重する態度を育て、国語により適切に表現する能力と的確に理解する能力を養うこと。

・我が国の文化と伝統に対する理解と愛情を育てるとともに、諸外国の文化に対する理解とこれを尊重する態度、外国語によるコミュニケーション能力を育てること。

・論理的思考力や科学的思考力を育てること。また、事象を数理的に考察し処理する能力や情報活用能力を育てること。（以下略）

しかし、その後の「生きる力」の歩みは、必ずしも順調とはいえなかった。その概念の曖昧さが多くの関係者を戸惑わせ、その意味するところを明確にすることが課題とされた。また、何よりも学習指導要領に盛り込まれた教育内容の量的削減について、広く社会的な合意を得られず修正を迫られる経験をすることになった。教育内容の量的あり方が問われるなか、「生きる力」は「ゆとり教育」か「脱ゆとり教育」かという構図のもとでの論議の波に飲み込まれることになった。

その結果、「生きる力は変わりません。学習指導要領は変わります」という文部科学省のフレーズのもとに、先の平成 20 年版学習指導要領が生まれた。

　改めて、「生きる力」の歩みを振り返ると、まずは、その受け皿として総合的な学習の時間を誕生させたところから始まった。そして、平成20年版学習指導要領では、「生きる力」と各教科等の目標との関連が詰められた。すなわち、「生きる力」を構成する理念や育てたい資質・能力に関わる基本的な考え方をふまえて各教科等の目標は立てられた。その意味で、この時点で「生きる力」は、各教科等の目標にまで達したとみることができる。

　しかし、目標に続く教育内容については、従来からの考え方のもとに取り扱われ、各教科等の目標と教育内容との間に溝を抱え、「生きる力」も各教科等の目標止まりということになってしまった。「言語活動の充実」が各教科等に"横串し"をさすまでには至らなかったのも、このような目標が教育内容まで浸透しきれなかったところに大きな要因があったとみられる。

　このたびの改訂は、この各教科等の目標と教育内容との"距離"を縮める取組であったということができる。「生きる力」は、"育成を目指す資質・能力"として精緻化され、そのもとに、各教科等の目標と教育内容との関連をはかることによって、学習指導要領の全体を整えたということになる。まさに、「生きる力」が学習指導要領全体に届いたということになる。

　このように、「生きる力」は、三つのステップを経て、今日に至った。まずは、総合的な学習の時間の枠内で「生きる力」を受け止めて、次のステップで、各教科等へ浸透をはかり、そして、このたびの学習指導要領全体への浸透をはかり、教育課程全体を通して達成を目指す段階に至った。

　このたびの学習指導要領改訂に際して、コンテンツベースからコンピテンシーベースへの転換ということがいわれた。それは、「生きる力」の牽引による三代にわたる学習指導要領改訂によって、さらにもう一代遡って「新しい学力観」が話題とされた学習指導要領改訂より引き継がれてきたものが、一つの到達点に達したととらえることができる。

従来型の教科構成をもって現代的課題に挑む

　21世紀が抱える課題に対して、既存の教科等構成をもって向き合うとしたのがこのたびの改訂である。教育課程を取り巻く諸課題に対して、多くを20世紀に起源をもつ教科等をもって立ち向かう。このような図式が描けるのもこのたびの改訂の特徴ということになる。

　先の学習指導要領が告示された後、教育課程をめぐる様々な動きとして、防災教育の見直しをはじめキャリア教育など、いわゆる現代的課題の顕在化がある。

　もちろん、環境教育、国際理解教育、福祉教育、食育、安全教育など、以前から様々な動きがあった。その上で、さらに、持続可能な開発のための教育（ESD）への関心が国際的にも持たれ一層高まりを見せるなかで、このたびの改訂を迎えることになった。

　そのような動きのなかで、現代的な課題に対して既存の教科等構成をもって対応するとしたのが、このたびの改訂である。教科等の構成については、基本的に従来を維持し、その再編には踏み込まないというのが基本的な立場であった。その意味で、従来の教科等構成をもって今日的な課題と向き合うというものであった。

　もっとも、この点については、小・中学校と高等学校とでは事情を異にする。すなわち、小・中学校については、小学校において道徳科や外国語科の新設はみられるものの既存の教科等の構成を大きく改変することなく、既存の教科等構成の枠内の一部修正の範囲にとどめて対応をはかったということである。

　これに対して、高等学校については、"歴史総合"など科目の再編成をはかり新しい科目を誕生させるなど、教科・科目の再編成についても手を加えている。その意味で、高等学校においては、教科内において科目の再編によって、また、小・中学校においては、従来の教科等の枠組みを維持しつ

つ、教科等横断をはかるカリキュラム・マネジメントの導入をもって、21世紀の現代的課題に立ち向かおうとしたのが、このたびの改訂ということになる。

　いずれにしても、21世紀に求められる資質・能力の育成に向けて、20世紀に多くの起源をもつ教科等をもってあたる。そのために、教科等間の横断とともに、教科等内の単元・題材・領域間、及び、科目間の連携や横断をはかるカリキュラム・マネジメントの強調が、このたびの改訂ということになり、その運用の仕方がカギを握っていることになる。

歴代の学習指導要領が築いた知見の集成

　このたびの学習指導要領は、改訂を重ねてきた歴代の学習指導要領に組み込まれた知見の集成という性格を有している。

　歴代の学習指導要領改訂によって得られた知見やノウハウが、今日的な課題への対応というフィルターを通して、意味づけられ組み込まれているところも、このたびの学習指導要領改訂の特徴としてとらえられる。

　それぞれの時代の課題への対応として創出されたアイディアが、時代の壁を越えて結び付くことによって融合がはかられ、新たなアイディアとして創設をみる。教科等間の横断にしても、総合的な学習の時間や選択教科が提案された時代のものでもあれば、言語活動の充実が説かれた時代のものでもある。それらがコラボし、互いの触発を通して、教科等横断としてのカリキュラム・マネジメントとして新たな実践を誕生させようとしている。

　学習指導要領と解説書（当初は指導書）の関係をみてみよう。学習指導要領は、当初、いわゆる解説書を併せ持ったものであった。その典型が、昭和26年改訂の学習指導要領である。

　それが、1958（昭和33）年の告示後は、学習指導要領と指導書は、分離がはかられ、それぞれ精緻化の道をたどることになったことは周知の通りである。できるだけ学習指導要領は精選をはかる。書き加えることは解説書

に。その両者の位置付けや果たすべき役割についての基本的な路線は、今回
の改訂においても堅持されたものの、総則に解説的な役割を持たせる試みが
なされたことに注目したい。

　それは、読みにくい、あるいは、わかりにくい学習指導要領が生まれたこ
とに対する見直しととらえられる。抽象度の高い文言によってまとめられた
学習指導要領に対して、これまでの基本路線は堅持しつつ、“読んで理解で
きる学習指導要領”を目指したのが、このたびの改善の試みであり、総則の
見直しということなる。

　詳しくは解説書の記述に委ねるにしても、読みやすい学習指導要領にとい
うのがその立場であり、その際、1951（昭和 26）年改訂の学習指導要領に
組み込まれたアイディアが時代の壁をかいくぐって浮び上がったととらえら
れる。「社会に開かれた教育課程」を標榜し、保護者や地域社会の人々との
共有を目指すなかで、学習指導要領の在り方もまた問い直す。その一連の動
きの一環としてあったことをおさえておきたい。

　一方、このたびの改訂についての諮問のうち一つは、教育目標・内容と学
習・指導方法、学習評価の在り方を一体としてとらえ、学習指導要領の在り
方を見直すというものであった。

　歴代の学習指導要領を遡ってみれば、教育内容、教育方法、学習評価それ
ぞれについて相当の労力と時間を投入して検討をはかってきた。したがっ
て、関連する知見も相当の蓄積があるといってよい。ただ、これまでは、そ
の検討が内容、方法、評価、それぞれ個別になされるものであって、相互の関係
を一体的にとらえて課題に迫るという方略はあまり深められてこなかった。

　これに対して、内容、方法、それに、組織を加えたこのたびの一体的なア
プローチは、従来の学習指導要領改訂における個別的なやり方を克服し、新
たな実践に関わるアイディアの創造を目指す試みであった。

　新たなアイディアの創出を、領域間相互の触発や融合とともに、それぞれ
の時代に生まれた知見の触発や融合によってもたらす。その試みとして、改
訂をめぐる一連の取組があったことを確認しておきたい。

Society5.0 の社会を拓く

　ところで、AI や Society5.0 をめぐる話は、このたびの学習指導要領改訂と重なり合っていることをおさえておきたい。改訂の基本的な方向を示した中央教育審議会答申「幼稚園、小学校、中学校、高等学校及び特別支援学校の学習指導要領等の改善及び必要な方策等について」（2016（平成 28）年 12月 21 日）は、"2030 年の社会と子供たちの未来"という章を設け、将来の社会の姿について、複雑で予測しがたい形で変化し、しかも速いテンポで進むことを、次のように述べている。すなわち、「進化した人工知能が様々な判断を行ったり、身近な物の働きがインターネット経由で最適化されたりする時代の到来が、社会や生活を大きく変えていくとの予測がなされている」と。

　この予測しがたい変化の時代について、昨今、"Society5.0"という用語をもって語られることが多くなった。もとは、第 5 期科学技術基本計画（2016年度から 2020 年度）において、わが国が目指すべき未来社会の姿として初めて提唱された。それは、狩猟社会（Socity1.0）、農耕社会（Socity2.0）、工業社会（Socity3.0）、情報社会（Socity4.0）に続く、新しい"創造社会"と称される社会とされる。

　もっとも、それは情報社会の延長線上の社会なのか、それとも情報社会の次の社会なのか、とらえ方も多様で、Society4.0 の延長線上か、それを超えた社会であるのか必ずしも明確ではない。経団連「Society5.0 ―ともに創造する未来―」によれば、Society4.0 と Society5.0 を分けるポイントは、「デジタル革新」にあって、それを契機として新たな社会が拓かれるという。すなわち、この「デジタル革新」と「多様な人々の想像・創造力」の融合によって、Society5.0 の社会は切り拓かれ、それによって Society4.0 が抱える諸々の課題の解決がはかられ、「課題解決・価値創造」「多様性」「分散」「強靭」「持続可能性・自然共生」などを象徴的なキーワードとする新たな価値

を創造する社会が到来するという。

　一方、今の社会を Society4.0 の情報社会と位置付け、知識や情報などが共有されず、分野横断的な連携が不十分な問題を抱えているととらえる。その上で、実現を目指すべきは Society5.0 の社会とする。それは、全ての人とモノがつながり、様々な知識や情報が共有される新たな価値が生み出される社会であるという。そこでは、人工知能（AI）やロボットをはじめとする技術の飛躍的な進歩によって、少子高齢化、過疎化、貧困の格差などが克服される社会であるという。

　このような将来社会の姿も視野に収めつつ、予測困難な将来に「しなやか」に生き、一人一人が未来の創り手となることを目指して学習指導要領の改訂は進められたということになる。

　その意味で、AI や Society5.0 に象徴される将来社会への"つなぎ手"として、このたび改訂された学習指導要領があること確認しておきたい。この学習指導要領に込められた趣旨の実現を通して Society5.0 の社会を拓くというのが、このたびの改訂の立場であり位置付けということになる。

［参考文献］
・天笠 茂「AI や Society5.0 の時代を踏まえて学校はどう変わるか」『教育展望　臨時増刊』教育調査研究所、2019 年 7 月

2

幼・小・中・特別支援学校にとっての
高等学校の教育課程

学校種を越えた学習指導要領改訂

　学校体系にそって学校種を越えて学習指導要領改訂について情報を集める。小学校の教職員であったら、幼稚園と中学校、さらには、高等学校の改訂についても関心を払い情報を求める。

　しかし、自らの属する校種はともかくとして、他の校種となると関心が持てないとか、手が回らないというのが実際のところということになるかもしれない。

　そこには、学校種ごとに学習指導要領の改訂を繰り返してきた歴史があり、その改善をはかるとしても、現状は、幼稚園、小学校、中学校の学習指導要領を合冊したものを生み出しはしたものの、幼稚園から高等学校まで全体をとらえるという発想や動きが現実化しているとはいいがたい。

　すなわち、学習指導要領の合冊が意図するところが、どこまで受け止められたかといえば、広がりに欠けるといわざるをえず、学校種を越えて学習指導要領改訂をとらえる取組の広がりは限定的な段階にある。

　さらに、高等学校の存在を重ねるとどうなるか。おそらく、小学校の立場からは、学校種を越えて学習指導要領改訂をとらえること以前に、そもそも高等学校の教育課程は中学校をも飛び越えた遠い存在として、視界のソトに置く教職員も少なくないように思われる。

　このような現状に対して、このたびの改訂には、学校種を越えて学習指導要領をとらえる取組を広げ、高等学校の関係者以外にも高等学校の教育課程

13

について理解を求める課題が含まれていることに注意を払いたい。

現代の教育改革と高等学校

このたびの基本的な方向を示した中央教育審議会「幼稚園、小学校、中学校、高等学校及び特別支援学校の学習指導要領等の改善及び必要な方策等について（答申）」(2016（平成28）年12月21日)（以下、「答申」）は、そのなかで、高等学校の教育課程の改革に大きな関心を示している。すでに改訂の段階から、高等学校の教育課程改革が、高等学校関係者にとどまらず教育界全体の大きな関心事であった。「答申」は、今回の学習指導要領改訂にあたり、高等学校が従来にもまして大きなウエイトを占め、カギを握っていることを次のように述べている。

「次期改訂は、高大接続改革という、高等学校教育を含む初等中等教育改革と、大学教育改革、そして両者をつなぐ大学入学者選抜改革の一体的改革や、キャリア教育の視点で学校と社会の接続を目指す中で実施されるものであり、特に高等学校にとって、これまでの改訂以上に大きな意義を持つものであると言える」

義務教育を核とした初等中等教育改革と高等教育改革との接点に位置付く高等学校。その意味において、現代の教育改革は、高等学校に焦点化され、その成否は、高等学校が握っているといって過言でない。まさに、高等学校の教育課程の改革が、高等学校の枠内にとどまらず、学校種を越えた教育界全体から、さらには、広く社会的な関心を引き付ける存在となっている所以である。

では、高等学校の学習指導要領改訂は、どのようなものであるのか、その一端を教科・科目の構成から見ておこう。「答申」は、高等学校の教育課程の共通教科における教科・科目の構成について、育成を目指す資質・能力の在り方に基づいて抜本的な見直しをはかるとして、以下のように改善点をあげている。なお、**表2**は、「答申」に収められた資料であり、その一覧であ

表2 高等学校の教科・科目構成について（科目構成等に変更があるものを抜粋）

☐ …共通必履修　　■ …選択必履修

※ グレーの枠囲みは既存の科目

国語科

論理国語	文学国語	国語表現	古典探究

現代の国語	言語文化

外国語科

英語コミュニケーションⅡ・Ⅲ（「聞くこと」「読むこと」「話すこと」「書くこと」の統合型）	論理・表現Ⅰ・Ⅱ・Ⅲ（スピーチやプレゼンテーション、ディベート、ディスカッション等）

英語コミュニケーションⅠ（「聞くこと」「読むこと」「話すこと」「書くこと」の統合型）

※英語力調査の結果やCEFRのレベル、高校生の多様な学習ニーズへの対応なども踏まえ検討。

地理歴史科

地理探究	日本史探究	世界史探究

地理総合	歴史総合

公民科

倫理	政治・経済

公共

家庭科

家庭基礎	家庭総合

情報科

情報Ⅱ

情報Ⅰ

理数科

理数探究

理数探究基礎

総合的な探究の時間

総合的な探究の時間

※実社会・実生活から自ら見出した課題を探究することを通じて、自分のキャリア形成と関連付けながら、探究する能力を育むという在り方を明確化する。

数学科

数学Ⅲ	数学C
数学Ⅱ	数学B
数学Ⅰ	数学A

理科

物理	化学	生物	地学

科学と人間生活	物理基礎	化学基礎	生物基礎	地学基礎

15

る（「答申」p.269）。

○国語科については、共通必履修科目として、「現代の国語」と、「言語文化」を設定する。また、選択履修科目として、「論理国語」「文学国語」「国語表現」とともに、「古典探究」を設定する。

○地理歴史科については、共通必履修科目として、「歴史総合」と「地理総合」を設定する。また、選択履修科目として「日本史探究」「世界史探究」「地理探究」を設定する。

○公民科については、共通必履修科目として、「公共」を設定し、選択履修科目については、「倫理」「政治・経済」を設定する。

○理数科については、教科の枠にとらわれない探究的な学習を行い、新たな価値の創造に向けて挑戦する力の基礎を培う共通教科として設定し、「理数探究基礎」と「理数探究」とで構成する。

○数学科については、「数学活用」を廃止し、「数学C」を新設し、科目構成を見直す。

○理科については、「理数探究」の新設を踏まえ、「理科課題研究」を廃止する。

○外国語科については、聞くこと、話すこと、読むこと、書くことを総合的に扱う科目群として「英語コミュニケーションⅠ・Ⅱ・Ⅲ」を設定し、「英語コミュニケーションⅠ」を共通必履修科目とする。また、外国語による発信能力を高める科目群として、「論理・表現Ⅰ・Ⅱ・Ⅲ」を設定する。

○家庭科については、「家庭基礎」と「家庭総合」の2科目からの選択必履修とする。

○情報科については、共通必履修科目として「情報Ⅰ」を、選択履修科目として「情報Ⅱ」を設定する。なお、「情報Ⅰ」について、全ての高校生がプログラミングによりコンピュータを活用する力を身に付けられるようにすること、とある。

○総合的な学習の時間については、生涯にわたって探究する能力を育むため

の初等中等教育最後の総仕上げとなる重要な時間として位置付けつつ、「総合的な探究の時間」として名称を見直すとしている。

○保健体育科、及び芸術科については、それぞれの意義を明らかにし、改廃はなく、従来通りとされた。

　なお、総合学科における学校設定科目「産業社会と人間」については、「社会に開かれた教育課程」の理念、キャリア教育の充実、さらに「公共」の設置、などをふまえ、内容の整理と充実をはかるとされた。

　これら、新しい教科・科目について、その趣旨の理解が、高等学校の関係者に求められることはいうまでもない。指導体制の構築をはじめ、新しい科目の趣旨に沿った教材の開発や教員の育成・研修が欠かせない。

　と同時に、この高等学校の教育課程改革について、義務教育段階などの教育とのつながりをはかる観点から、他校種の教職員への広がりが問われることになった。

到達点としての高等学校の目標と内容

　そのことを示したのが、「次期学習指導要領等に向けたこれまでの審議のまとめ」(2016(平成28)年8月26日)(以下、「審議のまとめ」)にあたって教科等ごとに編成されたワーキンググループにおける一連の審議であった。

　それは、高等学校の教育における目標や内容を到達点として、幼稚園から高等学校までの学校体系全体を俯瞰しつつ、各教科等について、それぞれの学校段階の目標や内容を整序するものであった。「答申」は、そのことを次のように説明している。

　「今回の改訂における教育課程の枠組みの整理は、こうした『高等学校を卒業する段階で身に付けておくべき力は何か』や、『義務教育を終える段階で身に付けておくべき力は何か』を、幼児教育、小学校教育、中学校教育、高等学校教育それぞれの在り方を考えつつ、幼児教育から高等学校教育までを通じた見通しを持って、資質・能力の三つの柱で明確にするものである」

　ワーキンググループは、教育課程企画特別部会「論点整理」をもとに、発達の段階に応じ、学びの連続性の確保を観点に、それぞれの教科等について審議を進め、幼児教育から高等学校までの全体像を描いていった。

　その一方、並行して幼児教育部会をはじめ小学校部会、中学校部会、高等学校部会、それに特別支援教育部会など学校段階ごとの部会も設けて審議を進めた。

　このタテとヨコの組み合わせによって、教育課程の全体の構図を描き出そうとしたのが、このたびの改訂であり、そこで重視されたのが、義務教育や高等学校教育を終える段階で身に付けておくべき力であった。すなわち、義務教育を終える段階までに身に付けておくべき力や、高等学校を卒業する段階で身に付けておくべき力を問いつつ、そのもとに学ぶべき内容の見直しがはかられ、「審議のまとめ」にまとめられていった。

　このように、従来からの積み上げるやり方とは一線を画し、新たな手法をもって進めようとしたところにこのたびの学習指導要領改訂の一つのポイントがある。

　それは、育成を目指す資質・能力をもとに、幼・小・中・高の教育について、縦の見通しをもって系統的に組織することによって、教育課程全体の構築をはかったことである。別の言い方をするならば、到達点としての高等学校が掲げる目標や内容をふまえ、資質・能力を関連させながら、各学校段階の教育課程を構想していく手法を用いたということである。

　その意味で、ワーキンググループにおける審議それ自体が、高等学校が掲げる目標や内容を踏まえて各学校段階の教育課程を構築する手法の開発にも貢献したということになる。

　この点について、「答申」は、次のように説明している。

　「これにより（資質・能力をもとに縦のつながりを系統的に組織すること：筆者）、各教科等で学ぶことを単に積み上げるのではなく、義務教育や高等学校教育を終える段階で身に付けておくべき力を踏まえて、各学校・学年段階で学ぶべき内容を見直すなど、発達の段階に応じた縦のつながりと、

各教科等の横のつながりを行き来しながら、教育課程の全体像を構築していくことが可能となる」

　加えて、「答申」は、このような手法を採ることによって、幼小、小中、中高の学びの連携・接続について、前の学校段階での教育が次の段階で生かされ、その連続性の確保が容易になると強調している。

　このように、義務教育を終える段階までに身に付けておくべき力とともに、高等学校を卒業する段階で身に付けておくべき力が、各学校段階の教育課程の編成にも影響力を持ち、幼稚園から高等学校まで全ての学校関係者の間で存在感を増すことになった。別の言葉で言うならば、高等学校をめぐる学習指導要領改訂に関する情報の収集や、教育課程について理解を深めることが、学校種を越えて多くの学校関係者に期待されることになった。

各教科等の改訂をめぐって

　ちなみに、各教科等がどのように審議されたか、その一端を見てみよう。

　表3は、「国語科において育成を目指す資質・能力の整理」であり、国語科において育成を目指す資質・能力を、「知識・技能」「思考力・判断力・表現力等」「学びに向かう力・人間性等」の三つの柱に沿って整理され取りまとめられたものである（「審議まとめ」p.115）。

　次の**表4**は、「国語科における教育のイメージ」であり、学校段階ごとに育成を目指す資質・能力について整理したものである。学校段階ごとの国語科の教育目標も、この表に示された資質・能力の整理に基づいて示されたとされる（「審議まとめ」p.123）。

　このような整理をすべての教科等に共通したものとしたことが、このたびの改訂の特徴の一つということになる。**表5**のように、社会科、地理歴史科、公民科においても、資質・能力を三つの柱で整理し、それぞれの校種の段階や分野・科目ごとの内容に応じた整理をはかったとされる（答申、p.139）。

表3　国語科において育成を目指す資質・能力の整理

知識・技能	思考力・判断力・表現力等	学びに向かう力・人間性等
○言葉の働きや役割に関する理解 ○言葉の特徴やきまりに関する理解と使い分け ・書き言葉（文字）、話し言葉、言葉の位相（方言、敬語等） ・語、語句、語彙 ・文の成分、文の構成 ・文章の構造（文と文の関係、段落、段落と文章の関係） 　　　　　　など ○言葉の使い方に関する理解と使い分け ・話し方、書き方、表現の工夫 ・聞き方、読み方、音読・朗読の仕方 ・話合いの仕方 ○書写に関する知識・技能 ○伝統的な言語文化に関する理解 ○文章の種類に関する理解 ○情報活用に関する知識・技能	国語で理解したり表現したりするための力 【創造的・論理的思考の側面】 ▶情報を多面的・多角的に精査し構造化する力 ・推論及び既有知識・経験による内容の補足、精緻化 ・論理（情報と情報の関係性：共通－相違、原因－結果、具体－抽象等）の吟味・構築 ・妥当性、信頼性等の吟味 ▶構成・表現形式を評価する力 【感性・情緒の側面】 ▶言葉によって感じたり想像したりする力、感情や想像を言葉にする力 ▶構成・表現形式を評価する力 【他者とのコミュニケーションの側面】 ▶言葉を通じて伝え合う力 ・相手との関係や目的、場面、文脈、状況等の理解 ・自分の意思や主張の伝達 ・相手の心の想像、意図や感情の読み取り ▶構成・表現形式を評価する力 ≪考えの形成・深化≫ ▶考えを形成し深める力（個人または集団として） ・情報を編集・操作する力 ・新しい情報を、既に持っている知識や経験、感情に統合し構造化する力 ・新しい問いや仮説を立てるなど、既に持っている考えの構造を転換する力	・言葉が持つ曖昧性や、表現による受け取り方の違いを認識した上で、言葉が持つ力を信頼し、言葉によって困難を克服し、言葉を通して社会や文化を創造しようとする態度 ・言葉を通じて、自分のものの見方や考え方を広げ深めようとするとともに、考えを伝え合うことで、集団としての考えを発展・深化させようとする態度 ・様々な事象に触れたり体験したりして感じたことを言葉にすることで自覚するとともに、それらの言葉を互いに交流させることを通して、心を豊かにしようとする態度 ・言葉を通じて積極的に人や社会と関わり、自己を表現し、他者の心と共感するなど互いの存在についての理解を深め、尊重しようとする態度 ・我が国の言語文化を享受し、生活や社会の中で活用し、継承・発展させようとする態度 ・自ら進んで読書をし、本の世界を想像したり味わったりするとともに、読書を通して様々な世界に触れ、これを擬似的に体験したり知識を獲得したり新しい考えに出会ったりするなどして、人生を豊かにしようとする態度

表4 国語科における教育のイメージ

【高等学校】

◎言葉による見方・考え方を働かせ、国語で的確に理解し効果的に表現することを通して、国語に関する資質・能力を次のとおり育成することを目指す。

①生涯にわたる社会生活や専門的な学習に必要な国語の特質について理解し適切に使うことができるようにする。

②創造的・論理的思考や感性・情緒を働かせて思考力や想像力を豊かにし、多様な他者や社会との関わりの中で、言葉で自分の思いや考えを深めることができるようにする。

③言葉を通じて伝え合う意義を認識するとともに、言語文化の担い手としての自覚を持ち、言語感覚を磨き、生涯にわたり国語を尊重してその能力の向上を図る態度を養う。

【中学校】

◎言葉による見方・考え方を働かせ、国語で正確に理解し適切に表現することを通して、国語に関する資質・能力を次のとおり育成することを目指す。

①社会生活に必要な国語の特質について理解し適切に使うことができるようにする。

②創造的・論理的思考や感性・情緒を働かせて思考力や想像力を豊かにし、社会生活における人との関わりの中で、言葉で自分の思いや考えを深めることができるようにする。

③言葉を通じて伝え合う価値を認識するとともに、言語文化に関わり、言語感覚を豊かにし、国語を尊重してその能力の向上を図る態度を養う。

【小学校】

◎言葉による見方・考え方を働かせ、国語で正確に理解し適切に表現することを通して、国語に関する資質・能力を次のとおり育成することを目指す。

①日常生活に必要な国語の特質について理解し使うことができるようにする。

②創造的・論理的思考や感性・情緒を働かせて思考力や想像力を養い、日常生活における人との関わりの中で、言葉で自分の思いや考えを深めることができるようにする。

③言葉を通じて伝え合うよさを味わうとともに、言葉の大切さを自覚し、言語感覚を養い、国語を尊重してその能力の向上を図る態度を養う。

【幼児教育】（※幼児期の終わりまでに育ってほしい姿のうち、特に関係のあるものを記述）

・身近な事象に積極的に関わり、物の性質や仕組み等を感じ取ったり気付いたりする中で、思い巡らし予想したり、工夫したりなど多様な関わりを楽しむようになるとともに、友達などの様々な考えに触れる中で、自ら判断しようとしたり考え直したりなどして、新しい考えを生み出す喜びを味わいながら、自分の考えをよりよいものにするようになる。（思考力の芽生え）

・遊びや生活の中で、数量などに親しむ体験を重ねたり、標識や文字の役割に気付いたりし、必要感からこれらを活用することを通して、数量・図形、文字等への関心・感覚が一層高まるようになる。（数量・図形、文字等への関心・感覚）

・言葉を通して先生や友達と心を通わせ、絵本や物語などに親しみながら、豊かな言葉や表現を身に付けるとともに、思い巡らしたりしたことなどを言葉で表現することを通して、言葉による表現を楽しむようになる。（言葉による伝え合い）

表5　社会科、地理歴史科、公民科における思考力、判断力、表現力等の育成のイメージ

① 「社会的な見方・考え方」を用いて、社会的事象等の意味や意義、特色や相互の関連を考察する力

・社会的事象等の意味や意義、特色や相互の関連について、概念等を活用して多面的・多角的に考察できる	
・社会的事象の意味や意義、特色や相互の関連を多面的・多角的に考察できる	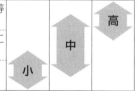
・社会的事象の意味、特色や相互の関連を多角的に考察できる	

② 「社会的な見方・考え方」を用いて、社会に見られる課題を把握し、その解決に向けて構想する力

・社会に見られる複雑な課題を把握して、身に付けた判断基準を根拠に解決に向けて構想できる	
・社会に見られる課題を把握して、解決に向けて学習したことを基に複数の立場や意見を踏まえて選択・判断できる	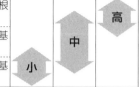
・社会に見られる課題を把握して、解決に向けて学習したことを基にして社会への関わり方を選択・判断できる	

③ 考察したこと、構想したことを説明する力

・適切な資料・内容や表現方法を選び、社会的事象等についての自分の考えを効果的に説明したり論述したりできる	
・主旨が明確になるように内容構成を考え、社会的事象についての自分の考えを論理的に説明できる	
・根拠や理由を明確にして、社会的事象についての自分の考えを論理的に説明できる	

④ 考察したこと、構想したことを基に議論する力

・合意形成や社会参画を視野に入れながら、社会的事象等について構想したことを、妥当性や効果、実現可能性などを指標にして議論できる	
・他者の主張を踏まえたり取り入れたりして、社会的事象についての自分の考えを再構成しながら議論できる	
・他者の主張につなげたり、立場や根拠を明確にしたりして、社会的事象についての自分の考えを主張できる	

＊参考　学習の見通しを持ち追究の結果を評価する力

・追究の過程や結果を評価し、不十分な点を修正・改善することができる	
・追究の結果を振り返り、学んだことの成果等を自覚できる	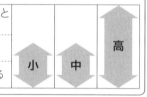
・学習問題（課題）を把握し、追究の見通しを持つことができる	

キャリア教育の充実でつなぐ

　では、新課程による学校づくりに向けて、学校間の縦のつながりに関わる
具体をどう求めていくか。多岐にわたって選択肢が存在するなかで、キャリ
ア教育に注目してみたい。

　「答申」には、次のような、キャリア教育に関わる文言がある。そして、
そこには縦のつながりとして、キャリア教育と特別活動に具体を求めるアイ
ディアが記されている。

　「小・中・高等学校を見通した、かつ、学校の教育活動全体を通じたキャ
リア教育の充実を図るため、キャリア教育の中核となる特別活動について、
その役割を一層明確にする観点から、小・中・高等学校を通じて、学級活
動・ホームルーム活動に一人一人のキャリア形成と実現に関する内容を位置
付けるとともに、『キャリア・パスポート（仮称）』の活用を図ることを検討
する」

　実際のところ、キャリア教育については、すでに一定の蓄積もなされてい
る。しかし、学校体系全体を通してとか、学校段階間の連続性とか一貫性と
いう観点からすると、指摘されているものの、まだまだ蓄積も乏しく、さら
に取組を必要とする課題も少なくない状況にある。

　改めて、キャリア教育を核にして、高等学校が掲げる目標や内容をはじめ
教育課程について理解することを通して、しかも、関係者相互の対話による
関係づくりを通して、それぞれの教育課程を組み立てるためにも、高等学校
における学習指導要領改訂を通して誕生した教育課程について関心の広がり
が望まれるところである。

3

「社会に開かれた教育課程」の実現を目指す 三つの方策

三つの方策

　このたびの学習指導要領の改訂をめぐり、実現を目指す理念として掲げられたのが「社会に開かれた教育課程」である。その理念の実現のための方策として示されたのが、「学びの地図」、主体的・対話的で深い学び（アクティブ・ラーニング）、カリキュラム・マネジメントの三つである。

　中央教育審議会「幼稚園、小学校、中学校、高等学校及び特別支援学校の学習指導要領等の改善及び必要な方策等について」（答申）（2016（平成 28）年 12 月 21 日）（以下、「答申」）を開いてみる。

　その第 4 章は、「学習指導要領等の枠組みの改善と『社会に開かれた教育課程』」という章題のもと、次の二つの節より成り立っている。

　1．「社会に開かれた教育課程」の実現

　2．学習指導要領等の改善の方向性

　その上で、2．学習指導要領等の改善の方向性には、つぎの三つの事項が並んでいる。

　○学習指導要領等の枠組みの見直し

　○教育課程を軸に学校教育の改善・充実の好循環を生み出す「カリキュラム・マネジメント」の実現

　○「主体的・対話的で深い学び」の実現（「アクティブ・ラーニング」の視点）

　このように、このたびの学習指導要領改訂に関わるキーワードとして、

「カリキュラム・マネジメント」があり、「アクティブ・ラーニング」があり、それに「学習指導要領等の枠組みの見直し」として小見出しに「学びの地図」がある。これらは、このたびの改訂の理念としての「社会に開かれた教育課程」を実現するための三つの方策ということになる。

　この三つの方策について、改訂の議論が始まった当初、「アクティブ・ラーニング」が圧倒的な関心を集め、その陰に隠れ気味なのが「カリキュラム・マネジメント」であり、その後に控えるのが「学びの地図」であった。授業改善に直接関係するとして「アクティブ・ラーニング」がとらえられたところにその背景があると思われる。まず、「アクティブ・ラーニング」から議論が開始されたのが、このたびの学習指導要領改訂であった。

方策1：「学びの地図」
「学びの地図」に込められた三つのねらい

　では、「学びの地図」は「答申」においてどのように説明されているか。「学びの地図」について述べた箇所を取り出してみると、次の通りである。
　「これからの教育課程や学習指導要領等は、学校の創意工夫の下、子供たちの多様で質の高い学びを引き出すため、学校教育を通じて子供たちが身に付けるべき資質・能力や学ぶべき内容などの全体像を分かりやすく見渡せる『学びの地図』として、教科等や学校段階を越えて教育関係者間が共有したり、子供自身が学びの意義を自覚する手掛かりを見いだしたり、家庭や地域、社会の関係者が幅広く活用したりできるものとなることが求められている」
　このように、「学びの地図」は、身に付けるべき資質・能力をはじめ学ぶべき内容などを"学びの全体像"として可視化をはかり明示することを目指すものである。そこからは、主に三つねらいがとらえられる。すなわち、①学習指導要領の在り方を変えていくこと、②学習の在り方を見直すこと、③社会のなかで幅広く学習指導要領の活用をはかることである。それぞれについて簡単に触れておきたい。

①学習指導要領の在り方を変える

　まずは、学習指導要領の在り方を大きく変える。それは、学習指導要領の枠組みの見直しを通した総則の抜本的な改革とされる。

　「答申」は、総則を教育課程に関する基本的な事項を示す要としてとらえ、その上で、その位置付けの抜本的な見直しを打ち出した。すなわち、章立てについても組み替え、必要な事項を教育課程編成の手順にしたがって分かりやすく整理をはかるとした。

　このような学習指導要領の枠組みの改善や総則の抜本的改善については、新学習指導要領の告示をもって一定の対応がはかられた。すなわち、6本の柱（高等学校は7本）をもって総則の構成をはかり、資質・能力の三つの柱によって各教科等の目標を貫き構造化をはかるなど、新たな取組がなされた。

②学習者自身が学びの意義を自覚する手掛かりを得る

　次に、学習者自身が学びの意義を自覚する手掛かりとする。学習者が、授業の今後の展開を知る。今、受けている授業が、今後、どのように展開するか、授業の流れをあらかじめ知っておく。その流れなど全体像を知って授業に臨む。学習者の学ぶことへの自覚にあたって、これら情報に接することは大切である。しかし、様々な工夫や試みがなされてはいるものの、何をねらい、どのような中身を用意し、いかなる力を得ることができるか、などについて、あらかじめ説明のある授業の開発は、これからに委ねられているところも少なくない。このような現状に対して、一石を投じたのが「学びの地図」である。学びのねらいや流れなど学びの全体像について学習者自身が理解したうえで学びに向かうことが大切とする立場から、学びの在り方を問いかけたのが「学びの地図」である。

　このような「学びの地図」のねらいの浸透をはかることによって、各教科等の指導計画について見直しの動きを促したということになる。現状は、教科書会社が作成したものの写しをもって代替している学校も少なくない。しかも、それは、学習者や保護者など多くの人々への公開を前提ということよりも、実質的に非公開のような扱いになっているのが一般的である。すなわ

ち、多くの関係者の目にふれることもなく、また、教職員の間であまり利用されることもなく、まさに置いてあるにとどまった状態にある。

これに対して、授業の意図やねらい、展開など全体像に関わる情報を、学習者自らが得られるような環境の整備は、指導計画はもとより、単元構成の考え方にも新たな動きが生まれてくることが考えられる。単元のはじめに、学習のねらいや過程など全体について説明をはかる、いわゆるオリエンテーションの設定に工夫をこらす取組が、すでに様々に存在する。「学びの地図」の提起は、これら動きを刺激し、さらに、単元構成やオリエンテーションに創意工夫をこらした様々な実践を助長することになるであろう。

③社会のなかで幅広く学習指導要領の活用をはかる

さらに、学習指導要領が社会のなかで多くの人々に幅広く活用される。学習指導要領の歴史において、それは、もっぱら教員のものであって、これまで学習者や保護者などの目に触れるということはあまりなかった。

実際に、その書きぶりからしても、多くの人々が活用をはかることを意図してまとめられてはいない。学校において教育課程を編成するにあたってふまえるべき基準を示すものであり、学校関係者を中心に限られた人々のものというのが、これまでの理解であった。

しかし、「学びの地図」に含まれたねらいには、「家庭や地域、社会の関係者が幅広く活用したりできるものとなることが求められている」とあるように、学習指導要領の活用について、これまでの教職員に限定することなく、保護者をはじめ地域の人々、さらには、社会全体を視野に収めようとしている。まさに、「学びの地図」には、社会全体での学習指導要領の共有というねらいが含まれている。と同時に、このたびの学習指導要領改訂の理念として掲げられた「社会に開かれた教育課程」と「学びの地図」との相互の結びつきを改めてとらえておきたい。

「社会に開かれた教育課程」については、よりよい社会を創る目標を社会と共有していくこと、学校教育の目指すところを社会と共有・連携しながら実現させること、などの説明がある。これらの実現を目指すにあたり、「学びの

地図」の具体化があり、そのなかに社会全体での学習指導要領の共有がある。

　さらに、「学びの地図」と「社会に開かれた教育課程」は一体化され、コミュニティ・スクール（地域運営学校）と結びつくことになる。2017（平成29）年4月1日に施行された改正地方教育行政の組織及び運営に関する法律には、学校運営協議会の関連する事項が規定されている第47条の6第4項に、次のようにある。

　「対象学校の校長は、当該対象学校の運営に関して、教育課程の編成その他教育委員会規則で定める事項について基本的な方針を作成し、当該対象学校の学校運営協議会の承認を得なければならない」

　編成した教育課程の学校運営協議会における承認こそコミュニティ・スクールの本質といっても過言でない。この実質化にあたって、「学びの地図」の意図するところが大きな役割を果たすことになる。すなわち、学習指導要領の社会における幅広い共有と活用を生み出すことが、教育課程の編成と承認を核とする学校と地域の関係づくりを支えていくことになる。その際、学校には、わが校の教育課程をわかりやすく説明する力が求められることになる。

方策2：「アクティブ・ラーニング」（主体的・対話的で深い学び）

①「アクティブ・ラーニング」の果たした役割

　このたびの改訂にあたり"審議をお願いしたい"という文部科学大臣の諮問文（2014（平成26）年11月）には、"課題の発見と解決に向けて主体的・協働的に学ぶ学習（いわゆる「アクティブ・ラーニング」）"があり、「アクティブ・ラーニング」がたびたび登場した（4回）。

　その上で、次のように審議事項として、三つの事項があげられている。「アクティブ・ラーニング」について大きな関心と課題意識を持って学習指導要領改訂に関わる審議に臨もうとした姿勢をとらえることができる。いささか長くなるが、それら事項について、以下に取り上げておきたい。

　まずは、①アクティブ・ラーニングに関わる学習・指導方法と教育内容の関連付けについて。すなわち、「育成すべき資質・能力を確実に育むための学習・指導方法はどうあるべきか。その際、特に、現行学習指導要領で示されている言語活動や探究的な学習活動、社会とのつながりをより意識した体験的な活動等の成果や、ICT を活用した指導の現状等を踏まえつつ、今後の『アクティブ・ラーニング』の具体的な在り方についてどのように考えるか。また、そうした学びを充実させていくため、学習指導要領等において学習・指導方法をどのように教育内容と関連付けて示していくべきか」と。

　次に、②アクティブ・ラーニングに関わる学習評価について。すなわち、「育成すべき資質・能力を子供たちに確実に育む観点から、学習評価の在り方についてどのような改善が必要か。その際、特に、『アクティブ・ラーニング』等のプロセスを通じて表れる子供たちの学習成果をどのような方法で把握し、評価していくことができるか」と。

　そして、③アクティブ・ラーニングに関わる支援について。すなわち、「『アクティブ・ラーニング』などの新たな学習・指導方法や、このような新しい学びに対応した教材や評価手法の今後の在り方についてどのように考えるか。また、そうした教材や評価手法の更なる開発や普及を図るために、どのような支援が必要か」と。

　これら一連の諮問文からも伺えることは、授業改善を目指す意気込みであり、その方策としての「アクティブ・ラーニング」への期待であり、それを支えるカリキュラム・マネジメントの求めである。

② 「アクティブ・ラーニング」と学習指導要領

　このように、学習指導要領をめぐる改訂の過程を振り返ってみた時、改訂に関する理念の検討から審議を始めたというよりも、授業方法の改善から入っていったところに大きな特徴がある。その審議の進め方が、このたびの改訂を性格づけるにあたって大きな影響を及ぼしたということである。すなわち、資質・能力と「アクティブ・ラーニング」がセットになり、しかも、「アクティブ・ラーニング」に特化する形で、改訂をめぐる議論は進み、「ア

クティブ・ラーニング」をキーワードにして、教育方法を見直すところから
始まり進行していった。まさに、「アクティブ・ラーニング」は、学習指導要
領改訂の"主役"となって全体を主導していったといっても過言でない。

　それはまた、学習指導要領の在り方をめぐって、新たな問題を提起するも
のでもあった。すなわち、「アクティブ・ラーニング」を取り上げたこと
は、教育内容に関する基準を学習指導要領で示し、教育方法は教育現場の創
意・工夫に委ねる、という長年あった"棲み分け"を見直すものであり、ま
た、境界線を多分に越境するものであって、これまでの学習指導要領の在り
方に一石を投じることになった。

　一連の審議を経てまとめられた「幼稚園、小学校、中学校、高等学校及び
特別支援学校の学習指導要領等の改善及び必要な方策等について」（答申）
（2016（平成 28）年 12 月 21 日）には、「主体的・対話的で深い学び」（「アク
ティブ・ラーニング」の視点）とある。その上で、「主体的・対話的で深い
学び」とは何か、ということについて、次のような一節がある。

　「『主体的・対話的で深い学び』の実現とは、特定の指導方法のことでも、
学校教育における教員の意図性を否定することでもない。人間の生涯にわ
たって続く『学び』という営みの本質を捉えながら、教員が教えることに
しっかりと関わり、子供たちに求められる資質・能力を育むために必要な学
びの在り方を絶え間なく考え、授業の工夫・改善を重ねていくことである」

　この"特定の指導方法のことでもない、教員の意図性を否定することでも
ない"というところに「アクティブ・ラーニング」をめぐる議論の着地点を
見いだすとともに、学習指導要領に「主体的・対話的で深い学び」を位置付
ける道を拓いた、ととらえておきたい。

③「社会に開かれた教育課程」という理念が構築される過程

　ところで、当初、審議の場として設置されたのが教育課程企画特別部会で
あった。この部会において、改訂に関する基本的なコンセプトが審議を通し
て固められ、「社会に開かれた教育課程」という理念の構築も、この企画特
別部会においてなされた。

　ただ、部会における意見やヒアリング、各種資料などを集約する当初の段階では、学習活動の示し方や意義など、「アクティブ・ラーニング」が中心となり、理念とされる「社会に開かれた教育課程」が固められるには一定の時間を必要とした。

　このたびの改訂を振り返ってみれば、まず、"新しい時代に必要となる資質・能力"があり、そして、"アクティブ・ラーニング"があり、さらに、"カリキュラム・マネジメント"があり、それらに関する議論を積み重ねることによって「社会に開かれた教育課程」という理念を組み立てていく道筋を辿ったことになる。なぜ、"新しい時代に必要となる資質・能力"なのか、どうして、"アクティブ・ラーニング"なのか、いかにして"カリキュラム・マネジメント"があるのか。これらへの応答として、そして、改訂の全体像を整えるにあたって、「社会に開かれた教育課程」という理念を構築する必要があったわけである。

　要するに、目的と手段も一体となった状態で審議が重ねられるなかで、次第に整理がはかられ、全体としての輪郭や構造が組み立てられていく過程がとらえられる。それが、「答申」に至って、理念として「社会に開かれた教育課程」と三つの方策が、それぞれ整えられて公にされたということである。

　このように、諮問からの一連の過程において、「社会に開かれた教育課程」という理念の創出を含め、「アクティブ・ラーニング」が果たした役割は少なくないことを改めて確認しておきたい。

④単元・題材による授業への着目

　そこで、「社会に開かれた教育課程」という理念として、また、その実現をはかる「主体的・対話的で深い学び」という手立てとして、それぞれが学習指導要領に位置付けられた今日の時点において、改めて、学習指導要領の実現を目指す観点から、互いの関係が問われなければならない。

　それは、理念と実践をどうつなぐかということであり、学習指導要領総則には、その手がかりの一端が提示されている。

　総則の第3の1は、教育課程の実施と学習評価を挙げ、主体的・対話的で

深い学びの実現に向けた授業改善として、次の事項を示している。

(1) 主体的・対話的で深い学びの実現に向けた授業改善を行う。

(2) 国語科を要としつつ各教科等の特質に応じて、児童生徒の言語活動を充実する。

(3) コンピュータや情報通信ネットワークなどの情報手段を活用するために必要な環境を整え、これらを適切に活用した学習活動の充実をはかる。

(4) 学習の見通しを立てたり学習したことを振り返ったりする活動を計画的に取り入れる。

(5) 各教科等の特質に応じた体験活動を重視し、体系的・継続的に実施できるようにする。

(6) 興味・関心を生かした学習が促されるよう工夫する。

(7) 学校図書館を計画的に利用し、児童生徒の自発的な学習活動や読書活動を充実する。

このように、主体的・対話的で深い学びの実現に向けた授業改善について、さらに学習評価の充実を含めて、その手立ては多様に存在する。そのなかにあって、「単元や題材など内容や時間のまとまりを見通しながら、児童（生徒）の主体的・対話的で深い学びの実現に向けた授業改善を行うこと」を示しており、注目される。この単元や題材への取組が、「社会に開かれた教育課程」と「主体的・対話的で深い学び」とをつなぐ役割を果たすことになるからである。

日々の授業が教育課程にどのように結びついているのか、具体の授業に対して、教育課程を抽象的で遠くに存在するととらえている教員も少なくない。あるいは、授業を行うことと、教育課程を実現することとが、ひとつにつながらない教員も少なくない。まさに、これらの克服が「社会に開かれた教育課程」の実現に向けての課題といってもよい。

これらへの改善として、単元や題材への着眼がある。日々の授業と教育課程をつなぐのが内容や時間のまとまりを見通して作成される単元や題材である。授業は単元や題材と緊密な関係にあり、また、教育課程の最小の単位は

単元や題材となる。1単位時間の中で「主体的・対話的で深い学び」の全て
を実現することは難しい。単元や題材のまとまりの中で授業を進めることが
問われているのである。「答申」には、「単元等のまとまりを見通した学びの
重要性や、評価の場面との関係などについて、総則などを通じて分かりやす
く示していくことが求められる」との一節がある。

　単元・題材で授業をすることの今日的な意義を明確にし、授業力の向上を
目指した校内における授業研究が、「社会に開かれた教育課程」の実現に向
けた道を拓いていくことになるのである。

方策3：カリキュラム・マネジメント

　一方、カリキュラム・マネジメントとは、各学校において、教育課程（カ
リキュラム）を核に協働を促し、教育内容の組織的な配列をはかり、諸条件
の適切な活用を通して、学校教育目標の実現を目指す営みである。

　アクティブ・ラーニングが授業の改善に主眼を置くとするならば、カリ
キュラム・マネジメントは、教育課程や授業を含みつつ学校の組織運営の改
善に主眼を置く営みである。

①カリキュラム・マネジメントー2つの「論点整理」ー

　このカリキュラム・マネジメントについて、学校関係者の関心を喚起し、
学校現場に対応を求める契機となったのが、教育課程企画特別部会の「論点
整理」である。

　ただ、このたびの学習指導要領改訂に関連してカリキュラム・マネジメン
トを理解するには、この「論点整理」とともにもう一つの「論点整理」、す
なわち、二つの「論点整理」の確認と、その理解が求められる。

　その一つが、育成すべき資質・能力を踏まえた教育目標・内容と評価の在
り方に関する検討会「論点整理」（2014（平成26）年3月31日）である。そ
こには、カリキュラム・マネジメントに関する点も記されており、その主な
ものをあげると次の点が記されている。

○各学校においては、諸条件を適切に活用して、教育課程や指導方法等を不
　断に見直すことにより効果的な教育活動を実現するといったカリキュラ
　ム・マネジメントの確立が求められる。

○資質・能力論と授業論をつなぐ上でも、各学校において教育課程を編成・
　実施・評価する力量を高め、カリキュラム・マネジメントを実践レベルに
　おいて実質化し、豊かなものにしていく必要がある。

○いわゆる「現代的な課題」に対応した「○○教育」のような各教科等横断
　的なテーマについても、カリキュラム・マネジメントの視点に立ち、育成
　すべき資質・能力との関わりで、……各教科等の間の相互関係はどのよう
　にあるべきか等の観点から改めて捉え直すことが求められる。

　このように記されたカリキュラム・マネジメントが、「諮問」を経て、教
育課程企画特別部会の審議を経て「論点整理」に、そして、中央教育審議会
「答申」へとまとめられていくことになる。

　もう一つが、教育課程企画特別部会「論点整理」(2015（平成 27）年 8 月
26 日）である。その「論点整理」には、カリキュラム・マネジメントの三
つの側面について、次のように記されている。

○「社会に開かれた教育課程」の実現を通じて子供たちに必要な資質・能力
　を育成するという新学習指導要領等の理念を踏まえ、これからの「カリキ
　ュラム・マネジメント」については、以下の三つの側面からとらえられる。

　①各教科等の教育内容を相互の関係で捉え、学校の教育目標を踏まえた教
　　科横断的な視点で、その目標の達成に必要な教育の内容を組織的に配列
　　していくこと。

　②教育内容の質の向上に向けて、子供たちの姿や地域の現状等に関する調
　　査や各種データ等に基づき、教育課程を編成し、実施し、評価して改善
　　を図る一連の PDCA サイクルを確立すること。

　③教育内容と、教育活動に必要な人的・物的資源等を、地域等の外部の資
　　源も含めて活用しながら効果的に組み合わせること。

　これら三つの側面は文言の修正もほぼなく中央教育審議会「答申」に盛り

込まれる。加えて、「カリキュラム・マネジメント」が学校全体としての取組として強調されるとともに、「アクティブ・ラーニング」の視点と連動させた。さらに、教育課程で考え教育課程をもって実践する学校経営の展開が、次のように積極的に説かれた。

○「カリキュラム・マネジメント」は、学校の組織力を高める観点から、学校の組織及び運営について見直しを迫るものである。

○教育課程を核に、授業改善及び組織運営の改善に一体的・全体的に迫ることのできる組織文化の形成を図り、「アクティブ・ラーニング」と「カリキュラム・マネジメント」を連動させた学校経営の展開が、それぞれの学校や地域の実態を基に展開されることが求められる。

○管理職のみならず全ての教職員がその必要性を理解し、日々の授業等についても、教育課程全体の中での位置付けを意識しながら取り組む必要がある。

②内容・方法・組織の一体的改革

　このように、カリキュラム・マネジメントは、教育内容の相互関連や教科等横断による授業を軸に、教育課程の編成・実施・評価を核にしたPDCAサイクルの確立を位置付け、経営資源の効果的な投入を基盤にして組み立てられる。

　それは、内容・方法・組織の一体的改革を目指して提起されたものである。学習指導要領の改訂にともない、教育内容が時代の変化などをふまえて見直され、それと連動して授業改善がなされてきた。その意味で、内容と方法の見直しは一体的になされてきたといってもよい。

　しかし、学習指導要領は改訂されても学校の組織は変わらないということが常に指摘されてきた。内容と方法は見直されても、組織については手を付けてこなかったということである。

　その意味で、カリキュラム・マネジメントの提起は、組織やマネジメントの改善にまでには迫り切れなかった学習指導要領の改訂の在り方に一石を投じるものである。すなわち、カリキュラム・マネジメントの提起は、内容と方法、それに組織を加えた一体的な学校改善への志向ということである。

　そこには、改訂の趣旨の実現を目指し、教育課程全体を通した取組を通して、教科や学年を越えた組織運営の改善など、学校の全体的な在り方を見直していくねらいがある。

　「教科横断的な視点から教育活動の改善」「教科等や学年を越えた組織運営の改善」「学校の全体的な在り方の改善」などのキーワードをもとに改訂の趣旨の具体化を目指すカリキュラム・マネジメントの展開は、まさに、内容・方法・組織を一体化した学校改善を体現するものである。

③それは定型化された手法にはあらず

　このような流れをとらえ、学校や地域の実態をもとに、いかなるカリキュラム・マネジメントを実践していくか。それぞれの学校において、アクティブ・ラーニングと連動させた学校経営が問われることになる。

　しかし、そのカリキュラム・マネジメントを一つの定型化された手法として受け止めるのは避ける必要がある。

　文部科学省の合田哲雄教育課程課長(当時)は、「アクティブ・ラーニングやカリキュラム・マネジメントについて、『これ以外のものはダメ』『これだけ正解』という示し方はできませんし、それはしてはいけないことだと思います。(中略)どうやるかについては、多様な主体的取組みが出てくるという構造が大事だと思っています」と述べている（対談「なぜ、カリキュラム・マネジメントなのか」天笠　茂×合田哲雄（『教職研修』2015年6月号))。

　大切な指摘である。各学校が自校の子どもの姿や地域の様子、教育条件などを結びつけ、そこからカリキュラム・マネジメントを進めていく手立てを考えていくことが基本である。まずそれがあって、その後に具体的な取組が展開されていくことが大切である。

　いずれにしても、カリキュラム・マネジメントがいくつかの側面から成り立ち、述べてきたような流れを内包させた系譜から成り立っていることからしても、定型化された手法によるワンパターン化された実践が期待されているわけではないことを確認しておきたい。

第2章

新学習指導要領と
カリキュラム・マネジメント

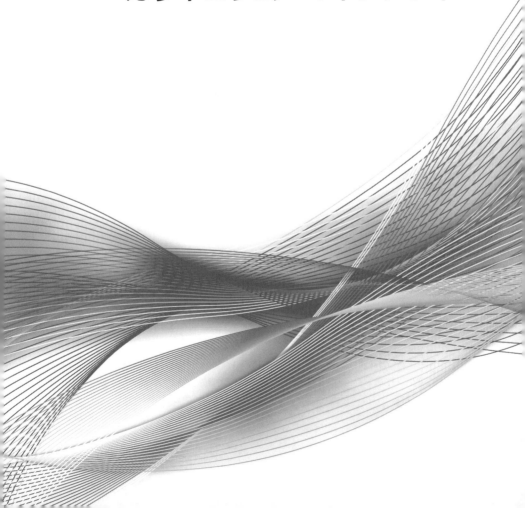

1
カリキュラム・マネジメントが
取り上げられてきた経緯

　カリキュラム・マネジメントをどのように進めるかについて言及する前に、カリキュラム・マネジメントが、どのように取り上げられてきたか、その流れをおさえておきたい。

　まずは、このたび強調されているカリキュラム・マネジメントが、「学校に基盤を置くカリキュラム開発」「特色ある学校づくり」「学校の自主性・自律性」「校長の裁量権の拡大」など、教育課程の編成にあたって学校の主体的・自律的な取組の基盤となる一連の教育哲学や経営哲学の系譜に位置付くことをおさえておきたい。

　その上で、中央教育審議会「初等中等教育における当面の教育課程及び指導の充実・改善方策について（答申）」（2003（平成15）年10月7日）に、教育課程及び指導の充実・改善のための教育環境の整備等として、「校長や教員等が学習指導要領や教育課程についての理解を深め、教育課程の開発や経営（カリキュラム・マネジメント）に関する能力を養うことが極めて重要である」とあることに注目したい。

　教育課程の開発と経営であることを記すにとどまるものではあるものの、学習指導要領改訂に絡む審議会などから、"カリキュラム・マネジメント"なる用語が発せられるのは、この答申からである。

　これに続いて、中央教育審議会「幼稚園、小学校、中学校、高等学校及び特別支援学校の学習指導要領等の改善について（答申）」（2008（平成20）年1月17日）に、「教育課程におけるPDCAサイクルの確立」との小見出しのもとカリキュラム・マネジメントに関する記述がある。

　答申における位置付けは、「9．教師が子どもたちと向き合う時間の確保

などの教育条件の整備等」においてであり、効果的・効率的な指導のための諸方策において、個に応じた指導など指導方法の改善、教師の資質向上、教科書や学校図書館の充実、学習評価の改善、全国学力・学習状況調査の活用、などとともに「教育課程における PDCA サイクルの確立」があげられている。

　もっとも、このように答申にカリキュラム・マネジメントという用語が盛られたものの、一部の関係者を除いて関心を引くことはあまりなく、学校現場に与えるインパクトも弱かった。

　ただ、その記述は、教育課程の編成・実施・評価にあたって、見落とすことのできない視点をカリキュラム・マネジメントの名のもとにあげている。その一節は次の通りである。

　「（略）学校教育の質を向上させる観点から、教育課程行政において、

　①学習指導要領改訂を踏まえた重点指導事項例の提示

　②教師が子どもたちと向き合う時間の確保などの教育条件の整備

　③教育課程編成・実施に関する現場主義の重視

　④教育成果の適切な評価

　⑤評価を踏まえた教育活動の改善

といった、Plan（①）－ Do（②・③）－ Check（④）－ Action（⑤）の PDCA サイクルの確立が重要である。各学校においては、このような諸条件を適切に活用して、教育課程や指導方法等を不断に見直すことにより効果的な教育活動を充実させるといったカリキュラム・マネジメントを確立することが求められる」

　このように、教育課程行政において PDCA サイクルの確立の重要性を指摘し、それとの関連において各学校におけるカリキュラム・マネジメントの確立を強調した。すなわち、教育課程の編成・実施・評価を教育行政と学校経営の両面からとらえ、相互の関連をはかることによって、教育活動の充実を目指す在り方をカリキュラム・マネジメントの確立を通して目指すとした。それを学校評価と関連づけ、学校と設置者がそれぞれの学校の教育の成

果や課題を把握し、改善へとつなげることが求められるとしたことは、今日につながる教育行政および学校経営が取り組むべき課題を提起していた。

　しかし、それぞれの地域や学校における教育課程の編成・実施・評価をはじめ、学校評価の現状をみても、その進展は道半ばといわざるを得ず、改めてカリキュラム・マネジメントの取組が課題とされている。

　続いて、育成すべき資質・能力を踏まえた教育目標・内容と評価の在り方に関する検討会「論点整理」（2014（平成26）年３月31日）について。

　教育課程企画特別部会への道を拓くことになった検討会の「論点整理」は、「授業をはじめ、一人一人の子供へのきめ細かな指導の実現も、学校の組織力に多くがかかっており、校長を中心に教育課程を核にしたマネジメントの確立が喫緊の課題となっている」との認識を示し、カリキュラム・マネジメントの実践レベルの実質化を提起している。

　すなわち、資質・能力論と授業論をつなぐ上でも、カリキュラム・マネジメントの実質化が欠かせないとし、まずは、年間指導計画や単元、各授業が、教育課程編成の中で位置付くものであることを共通理解し、ミクロな設計とマクロな設計とを往復させる必要があるという。

　その上で、各教科等間の相互関係をとらえる教科横断を強調したカリキュラム・マネジメントを次のように強調する。

　「いわゆる『現代的な課題』に対応した『○○教育』のような各教科等横断的なテーマについても、カリキュラム・マネジメントの視点に立ち、育成すべき資質・能力との関わりで、その内容を捉え直すことや、こうした課題の解決に各教科等がどのような役割を持ち、それがどのように教育課程に位置付けられているか、各教科等の間の相互関係はどのようにあるべきか等の観点から改めて捉え直すことが求められる」

　このように、カリキュラム・マネジメントは、学校の主体的・自律的な取組に源を持ち、先の学習指導要領からこのたびの学習指導要領へと引き継がれるなかで、学校改善や授業改善をはじめ現代的な課題への対応をはかる手法として新たな発展を遂げようとしている。

2

教科横断的な視点による
カリキュラム・マネジメント

　このたびの学習指導要領改訂が目指すところの一つに、各教科等の壁を乗り越えた授業の実現がある。そのために、資質・能力の育成を目指し、各教科等の内容をめぐり、教科横断的な視点で学校教育目標の達成に必要な教育の内容を組織的に配列していくカリキュラム・マネジメントが求められるとしている。

現代的な課題（○○教育）への対応

　まずは、現代的な教育課題が次々と生起する今日的状況が、教科横断という対応を教育課程に迫っている。

　平成20年改訂の学習指導要領の基本的な方向性をまとめた中央教育審議会答申（2008（平成20）年1月17日）には、教育内容に関する改善事項として、①言語活動の充実、②理数教育の充実、③伝統や文化に関する教育の充実、④道徳教育の充実、⑤体験活動の充実、⑥小学校段階における外国語活動、などがあげられている。

　これらに加えて、⑦社会の変化への対応の観点から教科等を横断して改善すべき事項として、情報教育、環境教育、ものづくり、キャリア教育、食育、安全教育、心身の成長発達についての正しい理解、などを示した。

　そして、このたびの改訂に際して取りまとめられた中央教育審議会「幼稚園、小学校、中学校、高等学校及び特別支援学校の学習指導要領等の改善及び必要な方策等について（答申）」（2016（平成28）年12月21日）（以下、「答申」）を追ってみると、ここにも、防災教育、持続可能な開発のための教

育（ESD）、主権者教育、消費者教育、プログラミング教育など、いわゆる現代的な課題があげられ、その対応が求められるとしている。

　これらへの対応として、環境科とか防災科と一つ一つを教科にしていくことも考えられる。しかし、既存の教科等にこれらを加えるとなると、教育課程が教科等によって余りに細分化されるという事態を招き、現実的でないということになる。

　その点からも、教科等横断が、現代的な課題（○○教育）への対応の有力な手法として浮上することになる。別の言い方をするならば、現代的な課題のもと、教科等の枠を越えて、内容と内容、単元と単元の関連をとらえて全体的な計画にまとめ、数時間程度のまとまりのある授業を計画して実施する、など教科等横断の手法が現実的な対応として浮かび上がってくることになる。

言語活動の充実

　一方、言語活動の充実は、国語科という教科の在り方とともに、言語能力を育てるという観点から、国語科と他の教科等との関係、教科横断の在り方を問うものである。

　このたびの学習指導要領の改訂について、そのポイントを示した文部科学省教育課程課が作成した資料（2017（平成29）年４月）によれば、教育内容の主な改善事項の一つとして、「言語能力の確実な育成」が掲げられている。それは、言語活動の充実について、いわば再度の挑戦ということになる。

　その背景には、言語活動の充実をスローガンとして掲げるにとどまり、各教科等にまで浸透しなかったとの認識がある。「答申」は、平成20年改訂の学習指導要領について、言語活動の充実を掲げたものの、「各教科等を貫く改善の視点として掲げるにとどまっている」との認識を示している。すなわち、教科等の枠組みごとに知識や技能の内容に沿って順序立てて整理したものにとどまり、各教科等の縦割りを越えた指導改善の工夫を妨げている、と

指摘している。

　振り返ってみれば、理念や目指す方向は示されるものの、スローガンにとどまり実質化が曖昧にされることも、幾度となく経験してきている。その解消を目指すとして、改訂に際して掲げた方策が学習指導要領の構造を変えるということであった。

　先にあげた「資料」には、教育内容の主な改善事項としての「言語能力の確実な育成」について、次のような説明がある。

　・発達の段階に応じた、語彙の確実な習得、意見と根拠、具体と抽象を押さえて考えるなど情報を正確に理解し適切に表現する力の育成（小中：国語）

　・学習の基盤としての各教科等における言語活動（実験レポートの作成、立場や根拠を明確にして議論することなど）の充実（小中：総則、各教科等）

　前者が、教科としての国語科の充実であり、後者が、各教科等を通してということになる。これらの取組、とりわけ後者の取組にあたり、教科横断が有力な手立てとして位置しており、改めて、その開発が問われるところである。

各教科等の「見方・考え方」

　さらに、各教科等の特質に応じて物事をとらえる視点や考え方、いわゆる「見方・考え方」の着目が、教科横断の新たな在り方を拓こうとしている。

　学習指導要領総則には、「第3　教育課程の実施と学習評価」として、次の一節がある。

　「特に、各教科等において身に付けた知識及び技能を活用したり、思考力、判断力、表現力等や学びに向かう力、人間性等を発揮させたりして、学習の対象となる物事を捉え思考することにより、各教科等の特質に応じた物事を捉える視点や考え方（以下「見方・考え方」という。）が鍛えられてい

くことに留意し、児童が各教科等の特質に応じた見方・考え方を働かせながら、知識を相互に関連付けてより深く理解したり、情報を精査して考えを形成したり、問題を見いだして解決策を考えたり、思いや考えを基に創造したりすることに向かう過程を重視した学習の充実を図ること」

　この総則に関連して、「答申」には、次のような言及がある。それは、「見方や考え方」という用語が学習指導要領において長年用いられてきたものの、具体的に説明されてこなかったとの指摘であり、このたびの改訂では、各教科等における「見方・考え方」とはどういったものかを明らかにするとともに、それを軸に授業改善を目指す取組の活性化をはかる必要があるとの提起である。それが、総則の一文となったわけである。

　一方、「答申」には、別紙：「各教科等の特質に応じた見方・考え方のイメージ」として一覧がある。その一部をあげると次の通りである。

・言葉による見方・考え方：自分の思いや考えを深めるため、対象と言葉、言葉と言葉の関係を、言葉の意味、働き、使い方等に着目して捉え、その関係性を問い直して意味付けること。
・数学的な見方・考え方：事象を、数量や図形及びそれらの関係などに着目して捉え、論理的、統合的・発展的に考えること。

　これら「見方・考え方」を支えるのが、知識及び技能の習得、思考力・判断力・表現力等の育成、学びに向かう力・人間性等の涵養、など資質・能力の三つの柱とされる。これら資質・能力が育てられることによって、「見方・考え方」も豊かになり、また、確かなものになっていくという。すなわち、資質・能力の三つの柱が活用・発揮される過程を通して鍛えられていくのが「見方・考え方」であるという。

　また、「深い学び」と「見方・考え方」とは相互の関係があるともいわれている。アクティブ・ラーニングは、深まりを欠くと表面的な活動に陥ってしまうものであり、学びの「深まり」に欠かせないのが、各教科等の特質に応じた「見方・考え方」ということになる。

　小学校学習指導要領は、各教科等の目標について、次の通り示している。

国語：言葉による見方・考え方を働かせ、言語活動を通して、国語で正確に理解し適切に表現する資質・能力を次のとおり育成することを目指す。

社会：社会的な見方・考え方を働かせ、課題を追究したり解決したりする活動を通して、グローバル化する国際社会に主体的に生きる平和で民主的な国家及び社会の形成者に必要な公民としての資質・能力の基礎を次のとおり育成することを目指す。

算数：数学的な見方・考え方を働かせ、数学的活動を通して、数学的に考える資質・能力を次のとおり育成することを目指す。

理科：自然に親しみ、理科の見方・考え方を働かせ、見通しをもって観察、実験を行うことなどを通して、自然の事物・現象についての問題を科学的に解決するために必要な資質・能力を次のとおり育成することを目指す。

生活：具体的な活動や体験を通して、身近な生活に関わる見方・考え方を生かし、自立し生活を豊かにしていくための資質・能力を次のとおり育成することを目指す。

音楽：表現及び鑑賞の活動を通して、音楽的な見方・考え方を働かせ、生活や社会の中の音や音楽と豊かに関わる資質・能力を次のとおり育成することを目指す。

図画工作：表現及び鑑賞の活動を通して、造形的な見方・考え方を働かせ、生活や社会の中の形や色などと豊かに関わる資質・能力を次のとおり育成することを目指す。

家庭：生活の営みに係る見方・考え方を働かせ、衣食住などに関する実践的・体験的な活動を通して、生活をよりよくしようと工夫する資質・能力を次のとおり育成することを目指す。

体育：体育や保健の見方・考え方を働かせ、課題を見付け、その解決に向けた学習過程を通して、心と体を一体として捉え、生涯にわたって心身の健康を保持増進し豊かなスポーツライフを実現するための資質・能力を次のとおり育成することを目指す。

外国語：外国語によるコミュニケーションにおける見方・考え方を働かせ、外国語による聞くこと、読むこと、話すこと、書くことの言語活動を通して、コミュニケーションを図る基礎となる資質・能力を次のとおり育成することを目指す。

特別の教科　道徳：第1章総則の第1の2の(2)に示す道徳教育の目標に基づき、よりよく生きるための基盤となる道徳性を養うため、道徳的諸価値についての理解を基に、自己を見つめ、物事を多面的・多角的に考え、自己の生き方についての考えを深める学習を通して、道徳的な判断力、心情、実践意欲と態度を

育てる。

外国語活動：外国語によるコミュニケーションにおける見方・考え方を働かせ、外国語による聞くこと、話すことの言語活動を通して、コミュニケーションを図る素地となる資質・能力を次のとおり育成することを目指す。

総合的な学習の時間：探究的な見方・考え方を働かせ、横断的・総合的な学習を行うことを通して、よりよく課題を解決し、自己の生き方を考えていくための資質・能力を次のとおり育成することを目指す。

特別活動：集団や社会の形成者としての見方・考え方を働かせ、様々な集団活動に自主的、実践的に取り組み、互いのよさや可能性を発揮しながら集団や自己の生活上の課題を解決することを通して、次のとおり資質・能力を育成することを目指す。

　このように、「見方・考え方」は教科等ごとに特質があり、各教科等を学ぶ本質的な意義の中核をなすものである。その目標は、「見方・考え方」を働かせるとあり、各教科等の特質に迫る手立てとして、授業の創意工夫が問われることになる。

　ただ、それは、各教科等の枠内にとどまるものではなく、教科等の枠を乗り越え、横断するなかで、一層鍛えられるものでもある。教科等間の関係がはかられることによって、また教科等の教育と社会との相互作用が生ずることによって、「見方・考え方」は深められていく。

　この点に関連して、「答申」には、次のような一節が記されている。

　「生命やエネルギー、民主主義や法の支配といった、各教科等における『概念』と社会生活との結び付けは、各教科等のみならず、教育課程全体を見渡した教科等横断的な取り組みや、総合的な学習の時間や特別活動において各教科等で習得した概念を実生活の課題解決に活用することなどを通じて図られる必要がある」

　教育課程全体を見渡すことの必要性が指摘され、その実現に教科横断の手法が位置付けられていることを改めて確認しておきたい。

　いずれにしても、各教科等の「見方・考え方」への着目は、それぞれの教科等の授業、及び、教科横断の視点から互いの関係について、その在り方を

問いかけている。さらには、各教科等の学習と教科間の横断的な学習、そして、教科等横断的な学習など、それぞれをどのように位置付け教育課程として編成するかを問いかけている。

　「社会に開かれた教育課程」の実現を目指すとは、社会生活と結び付ける観点から、何よりも子どもの学習や人生につなげる観点から、このような教育課程を編成し実施をはかることととらえたい。

3
学校経営改善方策としての
カリキュラム・マネジメント

学校の自主性・自律性とカリキュラム・マネジメント
"われわれの力で学校を変える"

(1) 学校の自主性・自律性をめぐって

　カリキュラム・マネジメントは、教育課程の編成・実施・評価をめぐり、学校の自主的・自律的な営みを支え、発展させ実質化をはかる考え方であり技法である。

　それは、教育課程の編成・実施・評価に関わる学校の自主性・自律性を重視し、基準性をめぐる大綱化・弾力化の歩みとともに育まれてきた概念であり技法である。別の言い方をするならば、カリキュラム・マネジメントは、学校の自主的・自律的な判断のもとになされる教育課程の編成・実施・評価を重視し、その実質を生み出す取組から積み上げられてきた発想であり技法である。まさに、学校の自主性・自律性の内実を実質的に支える手立てがカリキュラム・マネジメントということになる。

　その意味で、カリキュラム・マネジメントは、学校の特色や独自のやり方を無視した一方的な手法であったり、それを強いるものでないことは明らかであり、管理の強化をねらったものではないことを確認しておきたい。

(2) 基準の大綱化・弾力化とカリキュラム・マネジメント

　そこで、学校が自主的・自律的に教育課程を編成・実施・評価するという理念や概念、及びその技法が、教育課程やカリキュラムに関する教育行政や

学校経営をめぐる一連の営みのなかから生み出されてきたことを、その辿ってきた道のりを振り返ることを通してとらえ直してみたい。

まずは、OECDのCERI（教育研究革新センター）によるプロジェクト「学校を基盤とするカリキュラム開発」（School Based Curriculum Development）が、関心を持たれた時代について。

その"学校を基盤とするカリキュラム開発"というプロジェクトの名称そのものが、当時、多く学校関係者の関心を集めた。

この取組において注目すべきは、カリキュラムの開発の単位として学校の存在に光を当てたことである。様々な機関が存在するなかで、教育課程の編成・実施・評価に当たって、さらには、その開発に当たって、学校の占める位置の重要性を人々に気付かせたことに大きな意味があった。

さらに、このプロジェクトが、学校裁量の時間の創設に一定の影響力をもっていたことも注目される。教育課程審議会は、「小学校、中学校及び高等学校の教育課程の基準の改善について（答申）」（1976（昭和51）年12月18日）をまとめ、内容を精選してゆとりあるしかも充実した学校生活を可能とする教育課程の実現を目指して審議を進めたとある。その上で、誕生させたのが、いわゆる学校裁量の時間、「ゆとりの時間」であった。

答申は、学校の教育活動にゆとりをもたせ、学校の創意を生かした教育活動をはかる時間の確保を求めた。すなわち、各教科の授業時間の削減をはかることによって生じた時間、いわゆる「ゆとりの時間」を設け、その時間には、国として基準は設けないとした。

このように、教科書や指導書に頼った指導が一般化し、学校の教育課程への存在や必要性についての認識が乏しい当時の状況にあって、SBCDの提起や学校裁量の時間の設定は、多くの学校関係者に対して教育課程やカリキュラムについて関心を高めることとなり、大いなる貢献を果たすことになった。

しかし、それぞれの学校において、その実質を生み出し支えるマインドの形成や手法の開発までには迫り切れなかったことも指摘しておかなければな

らない。すなわち、教職員の参加による教育課程の編成・実施・評価に関わる一連のサイクルをまわす営みや経営技法の確立については、教育課程経営の課題として次の時代に引き継がれることになった。

（3）自律的学校経営と教育行政の改革による特色ある学校づくり

　次に、学校の創意工夫のもと、学校の特色が問われ、特色ある学校づくりが一層求められる時代へと進むことになる。

　中央教育審議会「今後の地方教育行政の在り方について（答申）」（1998（平成10）年9月21日）は、同年7月にとりまとめられた教育課程審議会答申「幼稚園、小学校、中学校、高等学校、盲学校、聾学校及び養護学校の教育課程の基準の改善について（答申）」をふまえ、改革の方向を次のように示した。

　「各学校の自主性・自律性の確立と自らの責任と判断による創意工夫を凝らした特色ある学校づくりの実現のためには、人事や予算、教育課程の編成に関する学校の裁量権限を拡大するなどの改革が必要である」

　教育課程の編成に関する学校の裁量権限の拡大が、国及び地方の教育行政をめぐる改革課題として大きく提起されることになった。

　これに関連して、教育課程審議会答申は、教育課程の基準の大綱化、及び運用の弾力化について提言するとともに、各学校が創意工夫を生かした特色ある学校づくりを求めた。ちなみに、「教育課程の基準の改善の関連事項」の"学校運営"において、特色ある教育課程の編成、特色ある学校づくりについて、「これからの学校教育においては、各学校において創意工夫を生かした特色ある教育課程を編成・実践し、特色ある学校づくりを進めていくことが特に求められる」と述べた。

　そして、そのために、「学校の教育課題を明確にし、校長のリーダーシップの下、異なる学級・学年や教科などの教職員が一致協力して教育課程の編成をはじめとする学校運営に当たることが極めて重要である」と指摘した。

　学校の特色づくりに当たり、創意工夫を生む活力を引き出すとともに、そ

れらを組織化していく営みが欠かせない。そこに経営戦略の策定をはじめ学校におけるリーダーシップや協働の意思などが問われることになる。

　その意味で、校長のリーダーシップをはじめ、教職員が一致協力して学校運営に当たる姿勢などについての重要性の指摘は、カリキュラム・マネジメントの求めと重なり合う。

　しかし、この時点で、カリキュラム・マネジメントとして、一定の体系性を整えるには至らず、その在り方を求めるには、なお時間が必要であった。

　むしろ、各学校による創意工夫に満ちた教育課程の編成・実施の実現のために、各学校に対する教育委員会による支援の必要性が説かれ、教育委員会の学校への支援の在り方を問う方向に流れていった。

(4) 学習指導要領を最低基準とするなかで

　さらに、学力低下が話題を集め、学習指導要領に示されていない内容を加えて指導することを可能とする時代へと推移する。

　中央教育審議会「初等中等教育における当面の教育課程及び指導の充実・改善方策について（答申）」（2003（平成15）年10月7日）は、学習指導要領の基準性を問い、個性を生かす教育を充実する観点から、学習指導要領に示されていない内容を加えて指導することも可能とする方向性を打ち出した。

　それは、学力問題への対応であるとともに、地方分権や規制緩和の流れを受けた対応でもあった。すなわち、共通に指導すべき内容を示すとともに、基準の大綱化・弾力化を進めることによって、地方分権や規制緩和の流れをふまえ、学校の裁量により、学校や教員の創意工夫を生かした指導をさらに可能とする方向を開くとした。

　その答申の一連の文章のなかに、次のように、さりげなく読み飛ばしてしまうかもしれないほどに、“カリキュラム・マネジメント”という用語が記されている。

　「校長や教員等が学習指導要領や教育課程についての理解を深め、教育課

程の開発や経営（カリキュラム・マネジメント）に関する能力を養うことが極めて重要である」

　あらゆる機会を通じて、学習指導要領や教育課程について、さらに、「基準性」の趣旨について理解をはかることを通して、校長をはじめ教職員にカリキュラム・マネジメントに関する能力を養う必要があると指摘している。

　しかし、答申は、教育委員会による学校への支援についての言及となり、カリキュラム・マネジメントについて、さらに説明を加えるとか、柱を立てて解説を加えるということはしていない。また、その具体的な姿が描かれているわけでもない。文字通り、カリキュラム・マネジメントは、答申において、ひっそりとデビューしたことになる。

　ただ、ここでは、"教育課程経営"に関する能力ではなく、"カリキュラム・マネジメント"に関する能力として記されたことに注目したい。教育活動と経営活動が乖離する学校現場に対する改善志向、より実践への接近などが、その背景に存在していた。

(5) 学校を支えるカリキュラム・マネジメント

　このようにみてくると、基準の大綱化・弾力化、学校の自主性・自律性の歩みが、カリキュラム・マネジメントをめぐる発想や手立てを育むことになるととらえられる。

　ただ、教育課程をめぐる基準の大綱化や弾力化にしても、学校裁量にしても、最低基準の提起にしても、それは理念の先行としてとらえられる。理念に関わる趣旨の説明は相応になされるものの、掲げる理念を裏打ちし、具体化をはかる手立てや手法の開発となると遅れを取ってきたということになる。

　その意味で、教育課程の基準の大綱化・弾力化を学校で具体化していくための手立てとして組み立てられ、整えられてきたのがカリキュラム・マネジメントという発想であり手法であるといえよう。

　その一方、学校の自主的・自律的な判断と営みを重視することについて、

そこには、学校自身による持続的な組織の見直しによる改善への期待が込められている。常なる組織の見直しと改善。それは、組織の存続にとって欠かせない営みでもあり、それは、自らの主体的な判断のもとに進められるものでもある。その意味で、教育課程の編成・実施・評価をめぐる学校の自主性・自律性の重視は、学校による組織の持続的な見直しと重なり合う。

　ある小学校の校長によるカリキュラム・マネジメントに関わるメッセージである。

　「今やっていることを見直してみる。学校教育目標、年間行事計画、教科等の年間指導計画、そして、日々の授業や学級経営が、個々ばらばらにあるのではなく、ちゃんとつながっていること。教職員の頑張りが、それぞれの頑張りではなく、ベクトルを揃えてつながってこそ力を発揮する。そういうデザインになっているか、そうなるように意識して作っているのか、ということについて、教職員全員で、来年度の教育課程を考えていきたい」

　学校の自主的・自律的な営みの中身は、このような問題意識のもと、経営判断のもとになされる日々の実践であり、カリキュラム・マネジメントとして体現されるのである。

　いずれにしても、カリキュラム・マネジメントは、教育課程の大綱化・弾力化を具体化する手法として、学校の主体性・自律性のもとに育まれ、推進される営みであり、それは、われわれの力で学校を変えていくことができるというマインドを基盤としたものであることを確認しておきたい。

学校のグランドデザインとカリキュラム・マネジメント

　カリキュラム・マネジメントを盛り込んだ教育課程企画特別部会の「論点整理」は、その重要性をうたい、確立が求められると説いている。そして、これまでは、不断の見直しという観点から、教育課程の編成・実施・評価としてPDCAサイクルの確立が強調されてきたのに対して、これからのカリキュラム・マネジメントは、三つの側面からとらえることが大切であるとす

る。

　この三つの側面としてのカリキュラム・マネジメントについて、これをどのようにとらえるか。そもそもカリキュラム・マネジメントの全体構造をいかにとらえるか。また、この三つの側面が教育実践といかにつながるのか。これらについて以下に述べることにしたい。

（1）カリキュラム・マネジメントの構造

　カリキュラム・マネジメントの推進にあたって、学校教育目標や目指す姿などを描いたビジョンやグランドデザインが欠かせない。これらビジョンなどの実現をはかるための手立てとしてカリキュラム・マネジメントがある。

　カリキュラム・マネジメントとは、各学校において、総合的な教育計画である教育課程を核にして、各教科等の教育内容の組織化などをはかり、経営資源の投入や協働を促すなど諸条件の効果的な活用を通して、学校教育目標の実現を目指す営みである。

　その意味で、カリキュラム・マネジメントは、ある学校種に限定された特定の発想や手法ではなく、幼稚園から大学に至るまで学校種を越えてすべての学校に共通する取組として存在する。

　教育課程企画特別部会「論点整理」（2015（平成27）年8月26日）は、カリキュラム・マネジメントについて、次の三つの側面からとらえられるという。

①各教科等の教育内容を相互の関係で捉え、学校の教育目標を踏まえた教科横断的な視点で、その目標の達成に必要な教育の内容を組織的に配列していくこと。

②教育内容の質の向上に向けて、子供たちの姿や地域の現状等に関する調査や各種データ等に基づき、教育課程を編成し、実施し、評価して改善をはかる一連のPDCAサイクルを確立すること。

③教育内容と、教育活動に必要な人的・物的資源等を、地域等の外部の資源も含めて活用しながら効果的に組み合わせること。

　その上で、これまでは、教育課程の不断の見直しとして、②のPDCAサイクルの側面からカリキュラム・マネジメントがとらえられてきたという。

　しかし、ここでは、三者を相互に関連づけ、全体的・構造的にとらえるカリキュラム・マネジメントの大切さを説いている。

　と同時に、①の教科横断的な視点による教育内容の組織的配列が強調されたことも注目してよい。歴史的にみるならば、まずは、③の教育内容と条件整備との関係を探究する取組に、今日に至る流れの源をたどることができる。教育内容と条件整備との関係をめぐる論議、教育課程経営の探究など教育経営学や学校経営学の分野での研究を通した一定の知見が積み上げられてきた。

　これに、②のPDCAサイクルの確立に向けた動きが続く。教育課程の編成・実施・評価としての流れをとらえる発想は、教育現場において実践的にまとめられたものでもあり、これにPDCAサイクル論が加わる形となった。

　これに、このたび①が新たに加わった。教科等間の関連をとらえたり、教科横断的な視点で教育内容の組織的な配列をはかる取組は、これまでも存在していたものの、それをカリキュラム・マネジメントの一つの側面として位置付けたことは、新たな展望を切り開くものといってよい。

　このように、条件整備に比較的ウエイトを置くカリキュラム・マネジメントが③であるならば、授業や教育内容に寄り添ったカリキュラム・マネジメントが①ということになる。

　また、時間的な流れでとらえるならば、③の流れに、②が加わり、このたび、①が加えられたととらえることができる。それは、カリキュラム・マネジメントを全体的・構造的にとらえるにあたって、一つの視点を提供してくれる。すなわち、経営資源の効果的な活用という③を基盤にして、その上に、PDCAサイクルという②を置き、さらに、教科横断的な視点による授業や指導計画の作成という①を加えたとするカリキュラム・マネジメントの全体的構造を描くことができる。

（2）カリキュラム・マネジメントの実践

　そこで、カリキュラム・マネジメントの三つの側面について、教育実践との関わりということになる。それは、そのまま実践への誘いとしてとらえることもでき、三つのスタイルのカリキュラム・マネジメントの展開ということになる。

①教育内容と経営資源の効果的な組み合わせによるカリキュラム・マネジメント

　まずは、教育内容と経営資源の効果的な組み合わせについて。授業をはじめとする教育活動について、ねらいや目標を達成するために経営資源（ヒト、モノ、カネ、時間、情報など）をいかに効果的に投入するか。

　現実には、どの経営資源にも限りがある。その限りのある経営資源を教育課程の何に向けて、どのように投入するか。例えば、時間のマネジメントを軸にカリキュラム・マネジメントを展開するとしたならばどうであろうか。今、学校にとって貴重な経営資源は時間である。教育課程の編成・実施・評価にあたって、限りある時間をどこに振り向け、どのように配分するか。一つの学校行事をめぐって、その準備と反省に投入する時間の総量と配分を学校全体のグランドデザインや重点目標をもとに組み立てていくのである。

　これらの基盤づくり、指針づくり、構想づくりが、グランドデザインの策定であり、経営戦略の構築である。さらに、これらがもとになって重点目標が策定され、そのもとに学校経営計画の作成となる。

　このような段取りのもとに作成される学校経営計画は、条件整備面から教育課程を支える実施計画としての役割を果たすことになる。

② PDCA サイクルによるカリキュラム・マネジメント

　次に、PDCA サイクルについて。『小学校学習指導要領解説総則編』（2008（平成20）年８月）には、教育課程の編成の手順、および教育課程の評価についてその手順の解説がある。それは、カリキュラム・マネジメントの進め方の解説であり、その基本型の提示といってもよい。

　その一端について、まず、「教育課程の編成の手順」として、次のように

ある。
　(1)　教育課程の編成に対する学校の基本方針を明確にする。
　(2)　教育課程の編成のための具体的な組織と日程を決める。
　(3)　教育課程の編成のための事前の研究や調査をする。
　(4)　学校の教育目標など教育課程の編成の基本となる事項を定める。
　(5)　教育課程を編成する。

　このように、教育課程の編成にあたって、基本的な考え方の明確化から、指導内容の組織、授業時数の配当まで、細目にわたり項目化され、その手順が記されている。

　しかし、教育課程の評価となると、学校評価に関する法制度、および学校評価ガイドラインにおける教育課程の評価についての解説にとどまり、編成ほど細目の解説はない。

　その上で、教育課程の改善については、「改善の方法」として一般的に考えられる手順を次のように記すにとどまる。
　①評価の資料を収集し、検討すること。
　②整理した問題点を検討し、原因と背景を明らかにすること。
　③改善案をつくり、実施すること。

　このように見ていくと、カリキュラム・マネジメントの進め方について、その記し方が中途半端なものになっていることがとらえられる。すなわち、教育課程の編成については、細かく示されているものの、カリキュラム・マネジメントの全体像を記す問題意識は乏しい。

　計画した教育課程をどのように評価し、さらに改善までつなげ、全体としてサイクルを確立できるか。カリキュラム・マネジメントの実践的な追求として教育課程の計画・実施・評価を視野に収めた PDCA サイクルの確立があることを確認しておきたい。

③教科横断的な取組によるカリキュラム・マネジメント
　そして、教科横断的な取組について。校内において教科横断を視点とする授業を互いに参観する。"教科横断"をキーワードにして授業研究から入る

カリキュラム・マネジメントが比較的進めやすいかもしれない。教科等の枠を越えた教科横断による授業について実践の積み上げを通して、授業のイメージを膨らませる。カリキュラム・マネジメントを進めるにあたって、堅実な方策と考えられる。

　その際、育てる資質・能力についての究明を欠かさないことが大切である。「論点整理」には、「各教科等の文脈の中で身に付けていく力と、教科横断的に身に付けていく力とを相互に関連付けながら育成していく必要がある」とある。各教科等の文脈の中で身に付けていく力と、教科等の枠を取り払い、教科等間相互の関連をはかることによって身に付ける力をあげ、各教科および教科横断による両面からのアプローチを求めていることを確認しておきたい。

　いずれにしても、授業からカリキュラム・マネジメントへの探究をはかる。その手順や道筋などの開発、さらには、基盤の整備などをつないだ取組が期待されるところである。

④カリキュラム・マネジメントを動かす力

　これらいずれの取組も、カリキュラム・マネジメントについて問題意識を持ち、理解を深めた教職員集団を育てることになる。まさに、教育課程について深い理解と優れた見識を有する教職員集団の形成が、カリキュラム・マネジメントを動かすにあたってのスタートでありゴールである。

　それぞれの学校において、カリキュラム・マネジメントを推進する力をあげるならば、まずは、教職員がそのカギを握っている。

　「論点整理」は、「管理職のみならず全ての教職員がその必要性を理解し、日々の授業等についても、教育課程全体の中での位置付けを意識しながら取り組む必要がある」と、カリキュラム・マネジメントについての考え方や手法の獲得が全ての教職員に必要であることを説いている。

　目指すところは、教職員には、自ら専門とする教科等を起点に、他の教科等との相互関連をとらえ、授業を組み立てる力の獲得である。さらには、授業をはじめ教育活動を教育課程との関連でとらえる発想や思考様式を身に付

けることである。教職員によるこのような力の獲得が、カリキュラム・マネジメントを動かしていくことになるのである。

　しかも、この教職員の協働による取組を目指す組織文化の形成に向けていくことも大切である。カリキュラム・マネジメントの導入は、学年ごと教科ごとのセクショナリズムを打破し、新たな協働を生み出すねらいを有している。すなわち、カリキュラム・マネジメントは、新たな組織文化を生み出すことによって一層の推進力を得ることを目指している。

　その上で、カリキュラム・マネジメントを動かす最大のパワーを有しているのが校長である。その持てるパワーをカリキュラム・マネジメントの推進に注ぎ込む。改めて、そのカリキュラム・マネジメントに向かう校長のリーダーシップに期待が集まる。

4

カリキュラム・マネジメントと学校教育目標

PDCA サイクルを視点とするカリキュラム・マネジメント

(1) 教育課程と PDCA サイクル

　PDCA サイクルを視点とするカリキュラム・マネジメントについて、各学校の実態をとらえてみるならば、すでにある程度実践されているともいえる。

　カリキュラム・マネジメントの基本形を描くならば、まずは、学校教育目標の設定とグランドデザインの構築にはじまり、授業をはじめとする教育活動があり、そして、教育課程の評価など学校評価ということになる。

　これに、各段階について、より細かな事項を加えるならば、まずは、計画段階として、学校教育目標の設定をはじめ、グランドデザインを描くことがあげられる。ここでは、学校の使命・目指す方向、ビジョンのある学校像、本校のとらえる子ども像、学力、基礎・基本などを明確にするとともに、経営戦略の構築が問われることになる。

　その上で、教育理念・目標、教育活動の全体構想、授業日数や授業時間の確保、指導体制などをもとに、教育課程の構造を明確にして全体像を構築することになる。

　次に、実施段階として、授業の実施を中心とした教育活動の展開があげられる。ここでは、校長・教頭のビジョンの浸透、ミドルのリーダーシップ、教職員の学校運営への経営参加・参画、などをもとに、協働をはかる観点から、学校の全体的な "教育地図" の作成と共有が問われることになる。

　そして、評価段階として、教育課程の評価、学校評価、さらには、改善への取組と計画へのフィードバックなどがあげられる。

　カリキュラム・マネジメントについて、すでに取り組まれていると述べたのは、これら諸事項をめぐってそれぞれの学校において展開がはかられているととらえられるからである。

　しかし、それら諸々の事項が、カリキュラム・マネジメントの観点から、互いにつながりのある営みとして、どこまで目的的であり、自覚的であったかといえば、否定的にならざるを得ない。すなわち、教育課程の編成・実施・評価をめぐって、相互の関連や脈絡の確保が乏しい中で、それぞれ個別的、部分的に進められていたというのが、実際の姿ではなかったか。

　その意味で、PDCA サイクルを視点とするカリキュラム・マネジメントの提起は、これまで行ってきた教育課程をめぐる一連の組織運営について、新たな手法の開発や導入という側面よりも、これまでの見直しという側面が強いともいえる。すなわち、教育課程の計画・実施・評価のサイクルを確かなものにする観点から、相互の関連を整え、論理性を確保し、それぞれの営みについて再組織化をはかる求めとしてとらえることが大切である。

(2) 教育課程の評価、PDCA をとらえる評価

　一方、PDCA サイクルを視点とするカリキュラム・マネジメントの提起は、"C"、すなわち、教育課程の診断・評価段階への着目を強調する。

　それは、評価項目を立てて、わが校のカリキュラム・マネジメントの実態をとらえ、それをもとに成果と課題を把握する手法の習熟を学校に求めることになる。

　例えば、以下のような項目を立てて、それぞれについてデータを収集し、その分析と解釈などをはかる技法の獲得と洗練が、それぞれの学校に問われることになる。

　①教育課程がねらう成果が得られているか。

　②学力調査等の結果、運動や体力に関する調査の結果などが活用されてい

るか。

③学校教育目標を具体化する道筋が明確か。

④教科等の年間指導計画、指導案、週案などが整備されているか。

⑤学習および生活に関する指導について質が維持されているか。

⑥人的・物的面の整備はなされているか。

⑦保護者や地域社会の人々の要望や意見を把握しているか。

これら項目の取捨選択など、それぞれの学校や地域の実情に応じたシステムの整備が求められ、その際、教育課程の評価と学校評価の一体的な運用が問われることになる。

その意味で、学校としていかなる評価項目を取り上げるか取捨選択が必要であり、その在り方に関心を払い続けることが大切である。

ちなみに、文部科学省「学校評価ガイドライン〔平成28年改訂〕」には参考資料として、〔評価項目・指標等を検討する際の視点となる例〕では、教育課程の状況について、次のような例をあげている（一部）。

・学校の教育課程の編成・実施の考え方についての教職員間の共通理解の状況

・児童生徒の学力・体力の状況を把握し、それを踏まえた取組の状況

・児童生徒の学習について観点別学習状況の評価や評定などの状況

・学校図書館の計画的利用や、読書活動の推進の取組状況

・体験活動、学校行事などの管理・実施体制の状況

・必要な教科等の指導体制の整備、授業時数の配当の状況

いずれにしても、PDCAサイクルを視点とするカリキュラム・マネジメントは、教育課程およびそのマネジメントに関する評価について、項目の設定をはじめ、データの分析や読み取り方など、一連の評価技法の習熟とシステムの整備を求めており、経営資源の投入の在り方を問いかけている。

(3) 備え置く年間指導計画からの脱却

その一方、学校は、各教科等の単元や指導計画をどのように扱っている

か。PDCA サイクルを視点とするカリキュラム・マネジメントは、各学校に対して授業の基盤となる単元や指導計画への着目を問いかけている。

まずもって、各教科等の年間指導計画について、その備えを怠る学校の存在は考えにくい。程度の差はあれ、どの学校においても年間指導計画は備えられていると考えられる。

しかし、その活用となるとどうであろうか。授業と指導計画を結びつける学校となると数は少なくなるかもしれない。

さらに、回数はともかくとして単元や指導計画に朱を入れる営みを確保している学校となると一層限定されることになる。すなわち、"単元に朱を入れる"学校は存在するものの、地域も数も限定されるのが今の状況である。

確かに、諸々の課題対応に追われる現実の姿からして、"単元に朱を入れる"学校の広がりは、あまり期待できないかもしれない。

しかし、授業を組織として振り返ることを通して教育の質を確保する学校の在り方が、問われていることを指摘しておきたい。

その意味で、PDCA サイクルを視点とするカリキュラム・マネジメントの提起は、教育課程や授業の改善をめぐり、学校の手法やシステムの構築と、条件整備の見直しとを付き合わせた新たなテーマの設定を求めてもいる。すなわち、その提起は、「備え置く」年間指導計画から、授業や教育課程の改善に「機能する」年間指導計画への転換を問いかけている。

いずれにしても、指導計画を機能させることによって授業の改善をはかる。そのためのシステムやスケジュールの確保を含めた条件面の整備をはかる。PDCA サイクルを視点とするカリキュラム・マネジメントの提起には、これら一連の問い直しが内包されていることを確認しておきたい。

カリキュラム・マネジメントと学校教育目標

(1) 学校教育目標を変えるに及ばず……

ある市において校長を対象にした研修会の講師を務めた。その際、わが校

の学校教育目標の見直しを問いかけてみると、変えることに積極的な姿勢を示す校長は、あまり見当たらなかった。最近、見直した学校はともかくとして、現在のところ、学校教育目標を変えるには及ばないと判断する校長が大勢を占めていた。

　その背景には、学校教育目標は、頻繁に見直すものではなく、長期にわたって掲げ続けるといった捉え方がある。教育理念を抽象度の高い言葉をもって表す学校教育目標は、短期間に見直しをはかり修正を重ねていくというよりも、長きにわたって掲げ続ける方が所を得ているようである。

　そこには、教育基本法や学校教育法などと学校教育目標との相互の関係や距離感がある。このたびの学習指導要領総則は、次のように、教育課程の編成主体をめぐる一文から始まる。

　「各学校においては、教育基本法及び学校教育法その他の法令並びにこの章以下に示すところに従い、児童の人間として調和のとれた育成を目指し、児童の心身の発達の段階や特性及び学校や地域の実態を十分考慮して、適切な教育課程を編成するものとし、これらに掲げる目標を達成するよう教育を行うものとする」

　この一文が、教育課程の編成主体が各学校にあることを示し、教育課程の行政や経営に関わる原則を記したものであることは改めていうまでもない。

　その上で、注目するのは、「これらに掲げる目標」という一文である。すなわち、目標を達成するために教育課程を編成するに当たって、「これらに掲げる目標」として、「小学校学習指導要領解説　総則編」は、

　・教育基本法第２条（教育の目標）
　・学校教育法第21条（義務教育の目標）
　・学校教育法第30条（小学校教育の目標）
などをあげている。

　このように、教育基本法など教育法規の掲げる教育の目標と教育課程とが、学校教育目標を飛び越える形で直接結びつけられている。また、学校教育目標が、教育基本法や学校教育法に包摂されるような形になっている。

　学校教育目標が教育理念を抽象度の高い言葉をもって表記される傾向にあるのも、あるいは、日常の教育活動において存在感が乏しいのも、さらには、教職員に与えるインパクトが弱いのも、このような教育基本法や学校教育法と教育課程の距離の“近さ”が背景にあるといえなくもない。

　すなわち、教育基本法や学校教育法との間合いが十分に確保できていないところに、学校教育目標を校内において存在感に欠けるものにしたり、学校教育目標に向き合う学校や教職員の姿勢を曖昧なものにさせている一因があると思われる。

　もっとも、このような学校教育目標に向き合う学校や教育界の姿勢は、今に限ったことでなく、かねてから存在しており、およそ40年前、すでに次のような指摘がなされている。

　「教育基本法や学校教育法に、教育一般の目的や学校段階ごとの目的および目標が示されており、具体的には学習指導要領等に詳細な目標の定めがあるから、学校ごとに教育目標を立てて教育することは必要ではないとする観念は、いまも教育界にないとはいえない。また、たとえ教育目標を学校で定めてみても、実際に学校教育が行われる場合に、その目標以前の教育一般の原理や教科のねらいに左右されるところが大きく、結局は教育目標が浮いたものになるのが普通だから、あえて苦心した目標の設定にエネルギーを消費する必要もない、という実感を持つ教育者も決して少なくはない[1]」

　問われているのは、教育基本法や学校教育法と学習指導要領との関係において、学校教育目標をはじめとする学校で立てる教育目標の位置付けであり、その存在感の担保である。

　もちろん、この指摘に対して、その後の経過のなかで、学校ごとに教育目標を立てることに理解が広がりと深まりをもって進展してきたことも確認しておきたい。すなわち、教育課程の裁量幅の拡大、基準の大綱化、特色ある学校づくり、組織マネジメントの実施、学校評価ガイドラインの整備などもあって、学校教育目標の設定に象徴される学校の自主性・自律性についての認識にも深まりがみられ、学校教育目標を取り巻く環境も変化してきた。

　ただし、学習指導要領と学校教育目標について、指摘されるような体質の克服にはさらに取組が求められ、このたびの学習指導要領の改訂とともに学校教育目標の見直しが提起されるに至ったわけである。

（2）学校教育目標も不断の見直しを

　学習指導要領を改訂して教育課程を変えても、学校教育目標には手を加えない。このような学校教育目標にはあまり手をつけない慣習が学校や教育界にはある。これに挑戦したのが、このたびの学習指導要領改訂である。そのことを、学習指導要領では、総則の「第2　教育課程の編成　1　各学校の教育目標と教育課程の編成」に次のように示している。

　「教育課程の編成に当たっては、学校教育全体や各教科等における指導を通して育成を目指す資質・能力を踏まえつつ、各学校の教育目標を明確にするとともに、教育課程の編成についての基本的な方針が家庭や地域とも共有されるよう努めるものとする」（下線、筆者）

　下線のように、育成を目指す資質・能力を踏まえて学校教育目標などを明確にすることを求めたのが、このたびの総則である。

　ところで、教育課程について不断の見直しが提言されたのは、平成10年版学習指導要領の基本的方針を示した教育課程審議会答申「幼稚園、小学校、中学校、高等学校、盲学校、聾学校及び養護学校の教育課程の基準の改善について」（1998（平成10）年7月29日）（以下、「教課審答申」）からである。

　「教課審答申」は、教育課程審議会を常設とし、教育課程について不断の見直しをはかる体制を整えると次のように述べている。

　「教育課程の基準については、教育課程の編成・実施の実態等の調査・分析、教科等の構成の在り方などについての研究・実践等を踏まえて、不断に見直し、その改善に向けた検討を行っていくことが必要であると考える。このため、従来、基準の改訂時に必要に応じて設置されてきた教育課程審議会の在り方を見直し、これを常設化することが適当であると考える」

　それまでは、学習指導要領の改訂には、そのたびごとに教育課程審議会を組織し発足させてきたわけである。これに対して、「教課審答申」を契機に教育課程の基準について常に検討する体制を整えたということである。教育課程を取り巻く環境の変化がテンポを速めつつあることへの一つの対応であり、これ以降、教育課程は不断に見直すものという考え方が次第に定着することになる。

　しかし、この時点で、学校教育目標も併せて不断の見直しを、と受け止める関係者はあまりいなかったように思われる。やはり、学校教育目標は、先にも述べたように、見直しを頻繁にはかるものではない、というのが大方の関係者のとらえ方であった。それが、この20年間の学校教育目標をめぐる実態でもあった。

　これに対して、学習指導要領の改訂にともなって教育課程を見直すことと、学校教育目標の見直しを連動させることを、このたびの改訂の課題としたことも、このような経緯を経てのことである。すなわち、学校教育目標についても不断の見直しを、というのが、このたびの提起である。中央教育審議会答申「幼稚園、小学校、中学校、高等学校及び特別支援学校の学習指導要領等の改善及び必要な方策等について」（2016（平成28）年12月21日）は、（各学校が育成を目指す資質・能力の具体化）との小見出しのもと、学校教育目標の見直しについて、次のように提起している。

　「学習指導要領等が、教育の根幹と時代の変化という『不易と流行』を踏まえて改善が図られるように、学校教育目標等についても、同様の視点から、学校や地域が作り上げてきた文化を受け継ぎつつ、子供たちや地域の変化を受け止めた不断の見直しや具体化が求められる」

　このように、子どもや地域の変化への対応として、学校教育目標の不断の見直しが提起された。いかにわが校の学校教育目標に向き合うかが問われることになったわけであって、わが校の学校教育目標を取り巻く環境に変化が生まれているということである。

(3) 資質・能力の三つの柱から学校教育目標へ

　では、このたびの改訂をふまえて、学校教育目標の見直しをいかにはかっていくか。

　多くの学校教育目標は、知・徳・体の三者によって構成され、また、三つのパーツに分けて具体化を目指すように組み立てられている。これに育成を目指す資質・能力をどのように位置付けていくか。ここに、見直しのポイントの一つがある。すなわち、これまでの知・徳・体の枠組みをもとに三つの資質・能力を位置付けるか、あるいは、三つの資質・能力を立てて、そこに知・徳・体を位置付けるか、学校教育目標の再構築が問われている。

　まずは、学校として、どのような資質・能力の育成を目指すかを明確にする必要がある。三つの柱（「知識及び技能」「思考力、判断力、表現力等」「学びに向かう力、人間性等」）に基づき再整理をはかった学習指導要領を手掛かりに、全体像を描き出すことが考えられる。

　その際、すでにグランドデザインなどに掲げている"育てたい児童像・生徒像"などを取り上げ、三つの資質・能力と照らし合わせて見直しをはかるのも一案である。

　次に、育成を目指す資質・能力をもとに、その具体化を目指し、教育課程を編成し、さらに、授業への道筋を整えていくことである。あわせて、学校教育目標を取り上げ、三者、すなわち、育成を目指す資質・能力、教育課程、そして、学校教育目標について、相互の関係を整えることである。

　このように、学校教育目標と教育課程をつなぐ役割を果たすことになるのが、育成を目指す資質・能力である。学習指導要領に示された資質・能力の三つの柱から、学校教育目標に迫っていくことが問われているのである。

　そのためにも、資質・能力の三つの柱についてそれぞれの理解を深め、意味するところをおさえておきたい。ちなみに、「学びに向かう力、人間性等」について、「答申」は、次のように述べている。

　「特に、『学びに向かう力・人間性等』については、各学校が子供の姿や地域の実情を踏まえて、何をどのように重視するかなどの観点から明確化して

いくことが重要である」

　さらに、子どもや地域の変化する実情をふまえて学校教育目標を不断に見直していく。しかも、それを、学校教育目標の共有を目指す観点から、家庭や地域とともに進めていく。ここにも、学校教育目標に迫る新たな道筋が存在する。

　いずれにしても、カリキュラム・マネジメントの中心に学校教育目標がある。知・徳・体によって組み立てられてきた学校教育目標と、このたびの資質・能力の三本の柱による学校教育目標との整合が、学校教育目標の見直しのポイントであるとともに、わが校のカリキュラム・マネジメントを確かなものにする第一歩となることを確認しておきたい。

[注]
1　吉本二郎「人間性にかかわる教育目標の改善」『学校運営研究』1979年4月号、明治図書

5

カリキュラム・マネジメントと学校評価

カリキュラム・マネジメントと学校評価の関係

(1) カリキュラム・マネジメントのPDCAサイクルの確立

　カリキュラム・マネジメントを実施するとはどういうことかと問うと、"PDCAサイクルを確立する"という言葉が返ってくることが多い。管理職を対象にしたとある研修会でもそうであった。

　その応答に、誤りがあるわけではない。確かに、カリキュラム・マネジメントについて、中央教育審議会「幼稚園、小学校、中学校、高等学校及び特別支援学校の学習指導要領等の改善及び必要な方策等について（答申）」（2016（平成28）年12月21日）は、三つの側面の一つとして、"PDCAサイクルを確立すること"と明記している。

　ただ、"PDCAサイクルの確立"という返答がオウム返しのごとくとなると、少々心配になってくることも確かである。はたして、"PDCAサイクルの確立"にどのような考えがあってのことなのか、いかなる具体があっての応答なのか。どうも、そこが弱いのではないか。十分に備えられていないのではないか。そんな思いが湧き起こってくることが時にあった。

　もし、内実が備えられていないとするならば、文字通り、"PDCAサイクルの確立"という言葉が、一人歩きすることになるかもしれない。あるいは、カリキュラム・マネジメントが、"PDCAサイクルの確立"の名のもとに、計画・実施・評価・改善という形式的な手順や手続きが強調され幅をきかせることになってしまうかもしれない。

　このような懸念を払しょくするためにも、"PDCA サイクルの確立"について、何をどうすることなのか、対象や改善へのイメージを豊かにする取組を大切にしたい。

　この点について、学校評価の取組に着目したい。20 世紀末から動きはじめたわが国の学校経営改革として学校評価の見直しがある。それまで、内部評価としてなされてきた学校評価を、外部からの評価も組み入れた学校評価へと、改革をはかる取組に学校は、よく対応した。その実効性を高めるなど残された課題も少なくないものの、学校の学校評価改革に対する取組を評価してよい。

　その一方、このような経過を経た学校評価にとって、このたびの学習指導要領改訂にともなうカリキュラム・マネジメントの提起は、新たな事態といってよい。これにどう向き合っていくか。学校評価のこれからにとっても重要な課題ということになる。カリキュラム・マネジメントの提起は、学校評価にとっても新たな展開をはかる契機といっても過言でない。

　このような点をふまえ、PDCA サイクルの確立として、カリキュラム・マネジメントと学校評価の整合を取り上げたい。学校教育目標を軸にして、その達成に診断・評価をはかる学校評価の取組と、教育課程の編成・実施・診断・評価をはかるカリキュラム・マネジメントのこのたびの提起をどのように結びつけ、学校のマネジメントとして全体を整えていくか。"PDCA サイクルの確立"として、その在り方を問うことにしたい。

(2) カリキュラム・マネジメントの提起

　さて、このたびカリキュラム・マネジメントの提起にあたり、どのように実践するかが学校に問われている。学校にとって、また新たな事態の到来ということかもしれない。

　この事態に、学校として、学校評価は学校評価として、カリキュラム・マネジメントはカリキュラム・マネジメントとして、それぞれをそれぞれとして対応をはかることが想定される。

　しかし、この点の対応について、「答申」は、カリキュラム・マネジメントと学校評価とを関連付けて実施することを求めている。すなわち、カリキュラム・マネジメントと学校評価との関係について、次のように述べている。

　「各学校が自らの教育活動その他の学校運営について、目指すべき目標を設定し、その達成状況や達成に向けた取組の適切さ等について評価し改善していく取組である学校評価についても、子供たちの資質・能力の育成や『カリキュラム・マネジメント』と関連付けながら実施されることが求められる」

　その上で、「学校評価において目指すべき目標を、子供たちにどのような資質・能力を育みたいかを踏まえて設定し、教育課程を通じてその実現を図っていくとすれば、学校評価の営みは『カリキュラム・マネジメント』そのものであると見ることもできる」と述べ、次のように、教育課程と学校のマネジメントを関連付けた取組が求められているという。

　「各学校が育成を目指す資質・能力を学校教育目標として具体化し、その実現に向けた教育課程と学校運営を関連付けながら改善・充実させていくことが求められる」

　このような「答申」の趣旨をふまえて、学習指導要領総則には、「第5　学校運営上の留意事項　1　教育課程の改善と学校評価等」において、カリキュラム・マネジメントと学校評価との関係について、次のように示した。

　「各学校が行う学校評価については、教育課程の編成、実施、改善が教育活動や学校運営の中核となることを踏まえ、カリキュラム・マネジメントと関連付けながら実施するよう留意するものとする」

　このように、カリキュラム・マネジメントと学校評価とを関連付けることが、学校に求められるPDCAサイクルの確立ということになる。

(3) 学校評価のリセットによるカリキュラム・マネジメントの確立

　では、両者を関連付けるには、何をどのように進めたらよいのか。次にあ

げる二つの点から、学校評価の見直しを探ってみたい。

①学校評価項目の差替えと配列の見直し

　まずは、学校評価項目の差替えと配列の見直しについて。学校評価にとって中心的な評価対象に教育課程がある。学校評価に教育課程をいかに位置付け、どのように評価していくか。その実践と研究こそ、学校評価をめぐる古くて新しいテーマということになる。

　この点について、文部科学省「学校評価ガイドライン［平成28年改訂］」には、参考資料が収められており、そのなかに、教育課程を含めて12分野にわたって評価項目・指標が、次のようにある。

・教育課程・学習指導／キャリア教育（進路指導）／生徒指導／保健管理／安全管理／特別支援教育／組織運営／研修（資質向上の取組）／教育目標・学校評価／情報提供／保護者、地域住民等との連携／教育環境整備

　このうち、教育課程・学習指導には、教育課程等の状況について、次の項目があげられている（一部）。

・学校の教育課程の編成・実施の考え方についての教職員間の共通理解の状況

・児童生徒の学力・体力の状況を把握し、それを踏まえた取組の状況

・児童生徒の学習について観点別学習状況の評価や評定などの状況

・必要な教科等の指導体制の整備、授業時数の配当状況

・教育課程の編成・実施の管理の状況（例：教育課程の実施に必要な、各教科等ごと等の年間の指導計画や週案などが適切に作成されているかどうか）

・児童生徒の実態を踏まえた、個別指導やグループ別指導、習熟度に応じた指導、補充的な学習や発展的な学習など、個に応じた指導の計画状況

　ガイドラインは、これらを参考に、学校の特色に応じて項目・指標等を設定することが重要であると述べている。

　学校評価とカリキュラム・マネジメントを関連付けるとは、まずは、わが校における学校評価の項目を、教育課程の編成・実施の観点から、再チェッ

クすることである。そのまま生かせる項目は残し、意図するところと合致しない項目は取り除いて新たに差し替える。その際、ガイドラインより参考になるものがあれば、分野の枠組みにとらわれず活用をはかる。まずは、教育課程の編成・実施・評価・改善に見合う項目の精査を求めたい。

　また、学校教育目標の設定から教育課程の編成・実施・評価・改善に至る一連のプロセスに沿って、取組の段階ごとに、実践に寄り添うにふさわしい項目を位置付けていく工夫も大切にしたい。

　その学校評価項目の配列を教育課程の編成・実施・評価・改善に沿って置くことが、カリキュラム・マネジメントのプロセスをとらえ理解を促すことに貢献するものと思われる。

　いずれにしても、その学校評価項目の見直しと差替えが、わが校のとらえるカリキュラム・マネジメントを浮かび上がらせることにつながる。

②学校評価の年間スケジュールをリセットする

　次に、学校評価の年間スケジュールについて。学校評価の手順などを示した文部科学省のガイドラインは、子どもたちや保護者へのアンケートなどの結果をふまえ、教職員による自己評価を行うことについて、次のように述べている。

　「自己評価を行う上で、児童生徒や保護者、地域住民を対象とするアンケートによる評価や、保護者等との懇談会を通じて、授業の理解度や保護者・児童生徒がどのような意見や要望を持っているかを把握することが重要である」

　同じく、自己評価の流れ図には、「全教職員の参加により、組織的に自己評価を行う。その際、児童生徒・保護者を対象とするアンケート等（外部アンケート等）の結果を活用する」とある。

　実際のところ、保護者などにアンケートを実施することと、教職員が自己評価をすることが、ほぼ同じ時期に並行してなされたり、教職員による自己評価の終了後に保護者などへのアンケートがなされることも珍しくない。

　一方、学校評価の実施について、ガイドラインは、その時期を特定しては

いない。しかし、長年の積み重ねもあって、年度末というのが通り相場となっている。3学期制をとっている学校では3学期に入って、2学期制をとっている学校でも1・2月の実施が一般的である。なかには、7月の末から夏休みをはさみ秋口にかけて学校評価を実施する学校も見られるようになったものの、現在のところ一部にとどまっている。

その一方、次年度の教育課程について検討を開始する時期としては、12月をあげる学校も少なくない。

そこで、本年度の学校評価と次年度の教育課程の検討について、それぞれの実施の時期を重ねてみると、スケジュールの調整が問われることになる。すなわち、次年度の教育課程の編成に関する検討が、本年度の学校評価よりも先行して進められることについてである。

学校評価の結果を次年度の教育課程の編成に生かすとするならば、スケジュール上は、まずは学校評価であり、その結果をふまえて次年度の教育課程の検討が順当な話ということになる。

それぞれの学校において、それなりの調整がなされるにしても、学校評価の年間スケジュールについて見直しは必要ないか。その見直しそのものが、学校評価とカリキュラム・マネジメントを関連付け整合をはかる営みということになるのだが。

いずれにしても、学校評価のリセットがPDCAサイクルの改善・充実への道を拓き、そのことがカリキュラム・マネジメントの確立につながる。学校評価の見直しを通してカリキュラム・マネジメントの具体化をはかる、それぞれの学校の実情をふまえた取組を期待したい。

学校評価を教育課程につなぐ

（1）学校評価の結果を生かして新年度の教育課程を編成するには

学校にとっては、学校評価の季節が始まろうとする12月。その推進に中心的な役割を期待される教務主任を対象とした研修会が開催された。

　学校評価の結果をもとにして次年度の教育課程を編成する。一見すると、ごく当たり前の課題であり、学校として扱っていかなければならない、しかも、一定の流れに乗って、しかるべき手順のもとに進めていけば、処理していける教務事務ととらえられなくもない。

　しかし、これを実際に進めようとすると、円滑に進まなかったり、思うように成果を得られなかったり、実効性を実感できなかったりと、理論と実際の乖離が露になることも。すなわち、学校評価を通して抱えている課題が明らかになっても、次年度の教育課程の編成に反映されないなど、学校評価と教育課程とをつなごうとすればするほど、一筋縄ではいかないことを味わうことになる。

　このように、学校評価と教育課程をつなげていくにあたって、様々な課題が生じる背景には、学校評価にしても、教育課程にしても、それぞれ実践されてきた歴史的な経緯がある。

　学校評価は学校評価として、教育課程の編成は教育課程の編成として、それぞれの積み上げてきた歩みがある。わが国における、学校評価の歩みを振り返ってみれば、その起源は戦後の教育改革期にある。アメリカにおける取組を参考にした学校評価が国内に向けて紹介された。

　その後、都道府県において推進がはかられる経過をたどりながら、20世紀末から21世紀初頭にかけての転換点を迎えることになる。

　すなわち、内部評価を中心にした学校評価に対して、外部からの評価を取り入れた学校評価へと転換を迫られることになった。21世紀に入って、学校評価の改革に向けて、そのための法改正がなされたり、国から「学校評価ガイドライン」が示されるといった動きが続いた。

　この間、学校評価をめぐる課題について様々な指摘がなされてきたなかにあって、学校評価の結果の次年度の計画への反映が、古くて新しいテーマとして問われ続けてきた。すなわち、課題の明確化が学校改善にまでたどり着かないことをはじめ、年度を越えた影響力の保持がままならないことなど、学校評価の問題点としてたびたび指摘されてきた。

　一方、教育課程の編成についても、学習指導要領改訂と教育課程の編成とを重ね合わせながら歴史を刻んできた。時に学校の裁量が模索されたり、また、地域の実情をふまえた学校の特色づくりが説かれるなど、教育課程は時代の学校教育の課題を映し出す鏡として、学校関係者をはじめ多くの人々の関心の対象とされてきた。

　そのなかにあって、教育課程の編成・実施・評価も説かれてきた。また、評価から始まる教育課程のPDCA論が説かれるなど、評価を生かした教育課程の編成が注目されるようになってきた。

　ただ、ここでの評価は、教育評価、授業評価、学習評価などを視野に収め、関心を注いだものであって、学校評価との接点の確保が課題とされている。

(2)「答申」によるカリキュラム・マネジメントの提起

　このような中で、中央教育審議会「幼稚園、小学校、中学校、高等学校及び特別支援学校の学習指導要領等の改善及び必要な方策等について（答申）」（2016（平成28）年12月21日）（以下、「答申」）は、カリキュラム・マネジメントについて次のように提起した。

　「各学校には、学習指導要領等を受け止めつつ、子供たちの姿や地域の実状等を踏まえて、各学校が設定する学校教育目標を実現するために、学習指導要領等に基づき教育課程を編成し、それを実施・評価し改善していくことが求められる。これが、いわゆる『カリキュラム・マネジメント』である」

　「答申」は、続けて、カリキュラム・マネジメントと学校評価の関係について、次のように述べている。

　「各学校が自らの教育活動その他の学校運営について、目指すべき目標を設定し、その達成状況や達成に向けた取組の適切さ等について評価し改善していく取組である学校評価についても、子供たちの資質・能力の育成や『カリキュラム・マネジメント』と関連付けながら実施されることが求められる」

　カリキュラム・マネジメントと学校評価とは重なり合うところがあり、関連付けながら実施をはかる必要があると指摘している。

　さらに、「答申」は、学校評価の営みは、カリキュラム・マネジメントそのものである、と次のように述べている。

　「学校評価において目指すべき目標を、子供たちにどのような資質・能力を育みたいかを軸に設定し、教育課程を通じてその実現を図っていくとすれば、学校評価の営みは『カリキュラム・マネジメント』そのものであると見ることもできる」

　このように、カリキュラム・マネジメントの提起は、学校評価と教育課程の編成について一体的なとらえと運用を提起しており、両者の関係が新たな段階に至ったことを示すものであった。

(3) カリキュラム・マネジメントを支える

　では、学校評価の結果を生かして新年度の教育課程を編成するにあたって、留意すべき点はどこか。以下に、3点あげておきたい。

　第1に、子どもの実態を把握するデータを持つ。「答申」は、次のように各種データをもつことの必要性を述べている。

　「教育課程を軸に、教育活動や学校経営の不断の見直しを図っていくためには、子供たちの姿や地域の現状等を把握できる調査結果や各種データ等が必要となる」

　教頭を対象としたとある研修会において、カリキュラム・マネジメントをどのように進めるかを尋ねたところ、次のような声が応答があった。

　「学校評価に基づく意見や全国学力・学習状況調査や体力テストの結果等を精査し、次年度に向けて改善していく部分を明確にし、学校長の考えのもと、全職員で共通理解を図りながら、取り組んでいく」

　「まずは、実態を把握する。学校評価における保護者や地域の思い、学力調査から見えてきた本校児童の伸ばすべき点・補う点を明らかにする」

　いずれも要点をおさえたものととらえられる。学校評価にしてもカリキュ

ラム・マネジメントにしても、データの収集と活用が事柄を分けるといってもよい。どのようなデータを所有するか。そして、活用をはかるか。そのための学校評価の工夫である。目的もはっきりしないなかで漫然と学校評価を繰り返すことは避けたい。

さしずめ、国が実施する全国学力・学習状況調査の結果のデータについて、これをどのように扱うか。多くの学校が抱える課題は、このデータを生かし切れていないところにある。データの分析を通して、自校の課題を明らかにし、改善策を打ち立てる。そして、実施する。これら、どこまで対応がはかられているかといえば、届けられたデータを読む段階にとどまっているのが、多くの学校の姿といえなくもない。

いずれにしても、学校評価から教育課程の編成まで、一つの軸となるのが、わが校の子どもたちの学力をはじめとする諸々のデータである。その上で、教育課程の編成に至るまで、データの収集から、分析を通した課題の抽出、そして、改善策の教育課程や指導計画への反映などを記した工程表の作成が問われることになる。

第2に、形式化、形骸化の進行を摘み取る。学校評価の改革が求められた当時、その組織や体制が整わない学校が出現した。

しかし、今や体制が整わない学校は解消したといってもよい。むしろ、学校評価についても、すでに整えられたシステムにおいて、手順に従って前年度の通りにやればよいようになっている。その意味で、むしろ形式化、形骸化を心配すべきということであるかもしれない。

経年変化を追う手法も大切にしたい。しかし、前年度の踏襲を何回か繰り返すと、組織の硬直化、取組の形骸化が進行することも心配される。この面の配慮が必要である。

その一方、学校評価をめぐり、その評価項目の集計をはかってみて、"オールB"となる学校も珍しくない。可もなく不可もなく、大きなトラブルが発生するわけでもなく、濃厚な現状維持志向が空気となっている職場。このような状態では、学校評価の結果を改善に向けて生かすことも、教育課程の編

成に反映させていくことも難しいということになるかもしれない。

　学校評価の項目に問題があるかもしれない。あるいは、評価者の現状をとらえる問題意識の乏しさ、学校が抱える課題を直視することを避けるということもあるかもしれない。

　その意味で、組織の形式化や形骸化の進行に常に目を光らせ、その芽を摘み取っていくことも学校評価の実効性を高めることからも重視していく必要がある。

　第３に、学校評価に関する年間のスケジュールを問い直す。全国学力・学習状況調査は、４月の下旬に実施され、その結果が知らされるのは、年によって異なることがあるものの、概ね夏ごろである。届けられたデータについて、これを比較的短い時間のなかで、自校の子どもたちの学力を理解し、授業をめぐる現状分析を通して課題を明らかにし、その改善策を指導計画にまで反映させるには、学校評価にかかわるスケジュールがしっかりしたものであることが、しかも、柔軟な運用がなされていることが欠かせない。

　学校内外の環境の変化と重ね合わせてみて、はたして、わが校の学校評価の年間のスケジュールが対応できるものとなっているか。この点のチェックが必要である。

　年１回、年中行事のごとく12月あるいは１月になると学校評価の取組が動き出す。消化しなければならない定例の行事のように扱われる。もし、そのように学校評価がとらえられ進められていくならば、学校評価にかかわる一連の事務をめぐり、改めてスケジュールを見直してみてはどうか。

　一方、２学期制を取るある小学校では、４月に示された本年度の重点目標について前期の終わりに全教職員で再度確認し、後期に向けての重点目標の確認と共通理解をはかる機会を設けるとしている。

　また、２学期制を実施するしないにかかわらず、夏休み期間を利用して学校評価を実施する学校が見られるようになってきた。

　このように年に２回の学校評価を実施している学校のねらいは、学校改善のために一定の時間を確保することにある。夏休み前後に第１回目の学校評

価を実施し、学校が抱える課題を明らかにし、改善策を立てる。年度末の2回目の学校評価は、その改善策の達成度を確認するところに重点が置かれる。

いずれにしても、学校評価をめぐる年間のスケジュールをみれば、その学校の学校評価に対する立場や考え方をとらえることができる。しっかりとした年間のスケジュールを立てるとともに、機動性を確保した柔軟な運用が求められるところである。

条件整備を視点とするカリキュラム・マネジメント

(1) 教育内容や活動と経営資源の効果的な組み合わせ

カリキュラム・マネジメントは、学校の経営戦略のもと、教育目標の設定に始まり、教育課程を編成し、実施や評価を進める一連の過程において、組織の諸資源の配分をはかり、教育目標の達成を目指す学校の組織的な営みである。別の言葉でいうならば、教育課程の編成・実施に向けてヒト・モノ・カネ・情報・時間などの経営資源を効果的に投入する営みといってもよい。

それは、学習や生活の指導にあたる教授・学習過程と組織運営にかかわる経営管理過程とを結びつけた学校経営の中心的な位置を占める営みである。まさに、学校のマネジメントそのものと多分に重なるといってよい。「論点整理」は、この点について、「教育内容と、教育活動に必要な人的・物的資源等を、地域等の外部の資源も含めて活用しながら効果的に組み合わせること」と、カリキュラム・マネジメントを説明している。

なお、次のように人的、物的諸条件と教育課程との関連について記した一節がある。

「まずは、学校の教育目標も編成された教育課程も、地域や学校、児童の実態を踏まえているかどうか、さらに、学校とのかかわりにおいて、特に人的、物的諸条件が教育課程の編成と実施に適切に生かされ、指導の効果をあげているかどうかを見定める必要がある。学校の内部組織が効果的に編成さ

れ運営されているかどうか、その活動が組織的、協力的であり、校長を中心として意欲的に目標を達成しようとしているかどうかなどに目を向けて評価の観点を設けることが大切である」

　これは、1989（平成元）年の学習指導要領改訂に際して作成された『小学校指導書　教育課程一般編』（平成元年6月）の一節である。すなわち、「教育課程の評価と改善の箇所にあり、教育課程の実施に伴う運営、組織等に関する評価の観点として、教育課程の編成、実施に関する評価を一層具体的に実施するためには、学校運営の側面からの観点を定める必要がある」とし、その観点にかかわる記述である。当時、カリキュラム・マネジメントという言葉は見当たらないものの、今日につながる記述としてとらえられる。

(2) 教材・教具などの整備

　ところで、授業は、教材・教具を用いて計画的、継続的になされる営みである。その意味で、教材・教具などの整備と効果的な投入が、大きな関心事ということになる。教材・教具の整備にあたっては、学校の教育目標、重点目標、教育課程に準拠しているかという視点から、その購入計画を立案することが求められる。また、全校的な立場から、それぞれの教職員が企画・立案にかかわり持続的に進めることも大切である。そのためにも、教科等それぞれの指導計画の作成とチェックが欠かせない。

　これら教材整備に関連して、文部科学省より、小学校教材整備指針、中学校教材整備指針、特別支援学校教材整備指針をはじめとして、「義務教育諸学校における新たな教材整備計画」などが策定されている。

　教材・教具・施設・設備に関する整備にあたっては、教育課程をもとに計画的な整備が重要であり、その際、文部科学省などが策定したこれら指針や制度の理解と活用が欠かせない。

　その一方、物的資源の整備であったとしても、そこには学校文化の形成に直接的にも間接的にも大きな影響を及ぼすことになることをふまえ、この点についての目配せも欠かせない。

　例えば、ICT 環境の整備にともなって、学校全体の環境も学校文化の基調もデジタル化の進行が現実化している。

　しかし、アナログを基調とする学校文化を排除する形で進めることについては、極めて慎重であってよい。おりしも、デジタル教科書の導入がはかられ、紙からデジタルへの転換が広がりを見せつつある。しかし、デジタルの導入にあたって、それをデジタルとアナログを対峙するものと位置付け、二者択一の選択の問題にしてしまうことは回避しなければならない。

　プログラミング教育に関する有識者会議の「議論の取りまとめ」には、ICT 環境の在り方を念頭に置いて、その検討の必要性を次のように指摘している。

　「アナログかデジタルかを対立的に捉えずに、『次世代の学校』にふさわしい環境整備と新しい教育課程の在り方を併せて議論していくことが求められている」

　アナログをデジタルに置き換えるといった単純化した二者択一的な見方ではなく、互いに融合をはかる過程を通して、多面的・複眼的な新しい学校文化の創造が期待されるところである。

　いずれにしても、物的環境の整備に際し、その基盤となるのが教育課程の編成・実施・評価にあり、全体的なバランスの重視を強調しておきたい。

　その際、物的資源の投入に関わる学校事務職員の存在は重要である。中央教育審議会「チームとしての学校の在り方と今後の改善方策（答申）」（2015（平成 27）年 12 月 21 日）（以下、「チームとしての学校」）は、学校事務職員の存在の重要性を次のように述べている。

　「学習指導要領の次期改訂では、学校におけるカリキュラム・マネジメントが重要となってくるが、教育内容と、教育活動に必要な人的・物的資源等を効果的に組み合わせていくために、学校の予算や施設管理等に精通した事務職員が大きな力を発揮することが期待されている」

　まさに、物的資源の運用に精通する学校事務職員が、カリキュラム・マネジメントを担うキーパーソンの一人として浮かび上がってきていることをお

さえておきたい。

（3）カリキュラムを核にした協働

　一方、経営資源の効果的な投入を論ずるにあたって、ヒトの存在を無視することはできない。ヒトそれぞれが有している諸力をいかに引き出すか、ヒトとヒトとの協働する関係をいかに形成し組織の目標の達成に結びつけていくか、古くから経営やマネジメントの中心的なテーマである。

　カリキュラム・マネジメントには、教育課程を核に教職員の協働を生み出すねらいも内包されている。カリキュラム・マネジメントは、教育課程と学年・学級を、あるいは、教科とを結ぶとともに、一人一人の教職員を結び、"協働"をはかり、学年・学級経営や教科経営の質的転換を促す手立てであり発想でもある。

　その意味で、カリキュラム・マネジメントに関する知識や手法の学校への定着がはかられるならば、次のような変化が校内において生み出されるものと思われる。

　①教職員の抱いている教育課程に関するイメージが豊かになる。

　②授業や学年・学級経営に関する教職員の活動と学校が掲げる目標の達成とが結びつく。

　③校内における教職員の協働にあたり、その核を教育課程に求め協働文化が形成される。

　④教育課程への計画・実施・評価を通して、教職員の学校経営への参画が促進される。

　⑤教育課程の評価をふまえ学校改善が進む。

　もちろん、校内に一気に協働が形成されるというのは、楽観的に過ぎるかもしれない。

　しかし、自らの専門性を教科や学級・学年に置く組織文化や、教科経営や学年経営の組み合わせを柱とするマネジメントのスタイルからの転換を促し、学校としての協働をはかる組織文化の形成を目指すのがカリキュラム・

マネジメントであることを確認しておきたい。

　一方、先にあげた中央教育審議会答申「チームとしての学校」は、事務体制の強化とともに、教員以外の専門スタッフも参画した「チームとしての学校」の実現を提起している。

　これまでは、学校のウチにおける教職員の協働がテーマとされてきた。新たな事態は、コミュニティ・スクールに象徴されるように、学校運営への保護者や地域の人々の参加・参画が問われている。さらには、スクールカウンセラーやスクールソーシャルワーカーなどの専門スタッフの導入である。

　しかし、「チームとしての学校」は、学校や教員の主導のもとによる連携と分担の大切さを次のように述べている。

　「生徒指導に当たっては、あくまでも校長や生徒指導担当教員のマネジメントの下、教員がスクールカウンセラーやスクールソーシャルワーカーと連携・分担して取り組むことが重要である」

　この学校や教員の主導の大切さを、次の言葉によってさらに強調する。

　「専門スタッフに任せきりにするようでは、かえって問題をうまく解決できないことも考えられる」

　その上で、それら専門スタッフの役割などの明確化をはかることが学校の果たすべき大切な役割として次のように述べている。

　「学校においては、スクールカウンセラーやスクールソーシャルワーカーの役割等を明確化し、スクールカウンセラーやスクールソーシャルワーカーを生徒指導や教育相談の組織に有機的に位置付け、教職員に周知徹底することが求められる」

　このように心理や福祉に関わる専門性をもった人々と協働を築くことが、学校にとって経営上の課題として浮かび上がっている。

　これまでは、同僚性を維持しようとする志向性の強い教職員を対象にした協働の追求であった。これに対して、外部性の確保を求める人々を専門的なスタッフとして迎え入れることによって、学校の機能の向上をはかろうとしているわけである。学校経営にとって新たな事態の到来といっても過言でな

い。

　まさに、「チームとしての学校」の輪を学校のソトに向けて広げなければ
ならない新しい事態が進行しつつあり、学校に関わるすべての関係者にとっ
て協働の基盤づくりが問われている。

　この学校経営にとって重要な課題対応にあたって、教育課程を核に協働の
輪を広げるカリキュラム・マネジメントの提起が、一つの方向性を示してい
る。改めて、カリキュラム・マネジメントが、学校の教育目標の実現に向け
て、子どもや地域の実態をふまえ、多様な人々の持てるものの発揮を促し、
教育課程を核に協働を生み出し糾合をはかる条件を整える発想であり営みで
あることを確認しておきたい。

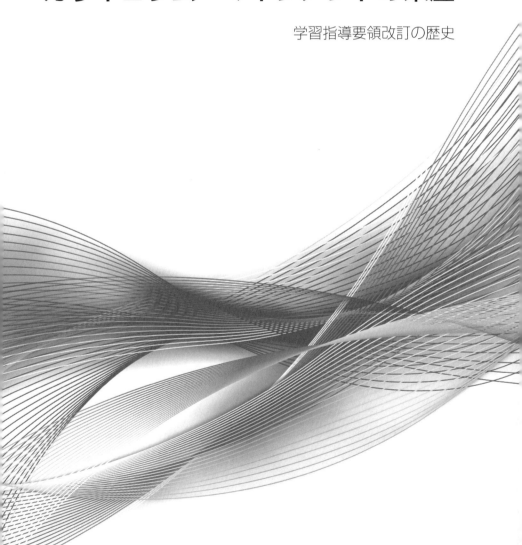

第3章

カリキュラム・マネジメントの来歴

学習指導要領改訂の歴史

　カリキュラム・マネジメントのルーツは、学習指導要領改訂の歴史のなかにあるというのが本書の基本的な立場である。カリキュラム・マネジメントに関わるコンセプトは、改訂の積み重ねを通して紡ぎ出されたものであり、それは、実践の積み重ねを通して生み出されてきたものである。

　このたび提起されたカリキュラム・マネジメントについては、すでに言われてきたことであって、新奇性に乏しいという指摘がある。

　しかし、提起されても、徹底せず、浸透せず、定着してこなかったことに目を向けていくべきではないか。提案しても実践に移される手前でとまる。振り返ってみれば、学習指導要領改訂の歴史にはそのような側面があることも認めなければならない。

　このたびのカリキュラム・マネジメントの提起は、このような経過を問い直し、改めて、教育課程を軸に学校教育の改善・充実の好循環を学校現場の現実に寄り添って実現を目指す求めとしてとらえたい。すなわち、教育課程に関するマネジメントについても、いろいろなことが言われてはきたものの、それぞれが個々バラバラで、一体性や体系性に欠け、容易に実践に移せない提案もなくはなかった。カリキュラム・マネジメントは、それらを教育課程を軸にして再組織化をはかる提起としてとらえたい。

　いずれにしても、このたび提起されたカリキュラム・マネジメントは、その考え方や手立ての多くは、これまでの学習指導要領改訂の歴史のなかにそのルーツがある。別の言葉で言うならば、このたびのカリキュラム・マネジメントは、特定の学説をもとにして組み立てられたというよりも、教育課程をめぐり運用をはかってきたこれまでの実践をもとにして培われてきたものである。すなわち、カリキュラム・マネジメントを構成する基本的なコンセプトをはじめ諸々の要素、そして、運用をはかる手立てなどのノウハウも、その萌芽は学習指導要領改訂のこれまでの経過のなかにあって、改めて、今日的な課題対応に向けて引き出され組織化されたものなのである。

※　なお、本章は、広島大学附属小学校『学校教育』の連載「戦略と手法のカリキュラム・マネジメント」を加筆・修正したものである。

1

キーワードとしての"各学校"と"教育課程"

"カリキュラム（教育課程）"について

　カリキュラム・マネジメントを成り立たせているコンセプトとして、まずは、カリキュラム（教育課程）について取り上げてみたい。

　1947（昭和22）年3月20日、戦前の小学校教育の根本的な改革が進められるなかで、「小学校学習指導要領（試案）」が誕生した。以来、試案から告示への変遷をたどりながら、このたびの2017（平成29）年3月31日の小・中学校学習指導要領まで9回の改訂を重ねてきた。

　それぞれの改訂が、時代を背景にした課題に向き合い解決を目指した取組であり、それを読み取っていくことによって、学校教育のたどってきた道のりをとらえることができる。

　1947（昭和22）年、最初の試案では、「どの学年でもどういう教科を課するかをきめ、また、その課する教科と教科内容との学年的な配当を系統づけたものを教科課程といっている」と"教科課程"としている。

　これに続く、1951（昭和26）年、はじめての改訂において、「児童や生徒がどの学年でどのような教科の学習や教科以外の活動に従事するのが適当であるかを定め、その教科や教科以外の活動の内容や種類を学年的に配当づけたものを教育課程といっている」と、教育課程という用語が用いられることになる。

　教科課程から教育課程へと変えることについて、教科以外の活動が加わったことを理由としている。改めて、わが国の教育課程の歴史を俯瞰した時、

この教科課程から教育課程への道のりは、一つの時代を画する動きといってよい。教科を構成したものとしてとらえてきたそれまでから、教科とともに教科外の教育活動も取り入れて学校の教育活動のための教育計画ととらえ、それをもって教育課程と称することにしたわけである。

　そして、教育課程は、さらに次のステップへと歩みを進めることになる。すなわち、「小学校指導書　教育課程一般編　昭和53年10月」には、教育課程について、「学校教育の目的や目標を達成するために、教育の内容を児童の心身の発達に応じ、授業時数との関連において総合的に組織した学校の教育計画である」とある。

　このように、教育課程は、教科を束にしたものから、教育の内容はもとより、教育の目的や目標、授業時数などを基本的な要素とする総合的な教育計画として、その姿を進化させたことがとらえられる。

"各学校において" について

　次に、カリキュラム・マネジメントを成り立たせる基本的なコンセプトとして、"各学校において" ということを取り上げておきたい。

　先ほどあげた、1947（昭和22）年、「小学校学習指導要領（試案）」は、「教科課程は、それぞれの学校で、その地域の社会生活に即して教育の目標を吟味し、その地域の児童青年の生活を考えて、これを定めるべきものである。」と記している。国ではなく学校としたことに戦前から戦後への転換をめぐる改革の衝撃の強さが推察される。

　これに続く、1951（昭和26）年、改訂された「小学校学習指導要領（試案）」も、「教育課程は、それぞれの学校で、その地域の社会生活に即して教育の目標を考え、その地域の児童や生徒の生活を考えて、これを定めるべきであるといえる」と記している。教育課程は、各学校において編成するものとする、と引き継がれている。

　その後、学習指導要領は試案から告示への変遷をたどり、教育課程は、そ

の基準性をめぐり論争の時代を経ることになる。その間、一貫して引き継がれていったもののひとつに、"教育課程は、各学校において編成するもの"ということがある。

それは、その後の数度の改訂においても継承され、このたび改訂された学習指導要領においても総則の第一文に「各学校においては、…適切な教育課程を編成するものとし、…教育を行うものとする」と示されている。まさに、各学校における教育課程の編成は、教育課程行政の柱となっており、わが国の戦後における教育課程の歩みを象徴するものといっても過言でない。

このたびの学習指導要領総則に示されたカリキュラム・マネジメントが「各学校においては、…」から書き始められていることに改めて注目したい。また、それぞれに学校においてカリキュラム・マネジメントに努めることが求められていることを確認しておきたい。

2

教育課程の管理、経営、そしてマネジメント

あるセミナーにて

　カリキュラム・マネジメントが言われる前に、関連する用語として教育課程管理が、そして、教育課程経営が登場した時代があった。それぞれがどのような意義を有していたか。また、どうして、そのような変遷をたどったのか。それらを知ることもカリキュラム・マネジメントを理解するにあたって大切なことと考える。

　このたびの学習指導要領改訂をテーマにしたあるセミナーの一場面を紹介したい。開催されたセミナーのなかで、カリキュラム・マネジメントの歴史的な経過にもかかわるやり取りがなされた。それは、一般財団法人教育調査研究所が主催した「教育展望セミナー」であり、2018（平成30）年８月６日、「資質・能力を育成する教育課程の編成と実施をどのように進めるか」をテーマにパネルディスカッションが行われた。メンバーは、安彦忠彦、市川伸一、加藤幸次、田中統治、寺崎千秋（敬称略）、そして、筆者である。

　学習指導要領の改訂について歴史的な経過を話題にしていた時、安彦忠彦コーディネーターが参加者に向けて次のように問いかけた。

　「教育課程経営について会場の先生方に伺います。『カリキュラム・マネジメント』を聞く前に、『教育課程の経営』あるいは『教育課程管理』という言葉を知っていた方、手を挙げてみてください」

　会場は、ちらほらと手があがる程度で多数の参加者が挙手をするという状況ではなく、コーディネータは、「（会場の挙手を見て）いま手を挙げた先生

方は、ある意味では OB の方に近い方々とお見受けしました」と語った。

　その上で、次のように続けた。「教育課程の管理とか教育課程の管理運営とか聞いたことがない。そうなると本当に歴史的な継承や歴史を省みてということはなされなく、現在、現場で活躍されている先生方にはゼロから始めなければならないということになります[1]」と。

　今、現場で弱くなってしまったことの一つに歴史的に振り返るとか、物事をとらえるという見方や考え方がある。子どもたちではなく、教職員である。おりしもベテランから若手教員へと世代交代が進行するなかで、"歴史的な継承や歴史を省みて"という発想や問題意識が乏しくなっていることは否定できない。まして、それぞれの教科や授業はともかくとしても、学校の組織運営などに関する限られた分野となると、その傾向は尚更である。

　これらをふまえ、カリキュラム・マネジメントという用語が、教育課程管理、そして、教育課程経営の歴史をたどって誕生したものであることを、そのレビューを通して明らかにしてみたい。

教育課程管理をめぐって

　まずは、教育課程管理について。それが、教育目標の達成に向けて適切に編成・実施されているかについて点検・指導・調整・評価することを意味するものであることをおさえておきたい。

　2002（平成 14）年に著わされた『新版現代学校教育大事典 2』（ぎょうせい）にも、同じく、「教育課程の管理運営」という項目について、執筆者の奥田真丈は、「学校の教育目標の達成に向けて、学校の教育課程が円滑かつ効果的に編成、実施、評価、改善されるための諸条件の整備とその運営」と、その意義を述べている。そのうえで、「学校みずからの管理運営」として、「教育課程の管理運営において最も重要なのは、学校みずから、すなわち校長を中心とする全職員が、その学校の教育課程の編成－実施－評価－改善の一連のサイクルを円滑かつ効果的に動かすよう必要な組織づくりをし、

それを運営していくことである」とあり、「これは、今日、教育課程経営とも呼ばれている」と付記している。

　ところで、教育課程管理をめぐり、1960 年代は、教育課程が法規に従って適切に運営されているかが重視され、その運営について法規との関連における解釈が問われる時代であった。すなわち、試案から法的拘束力を持った学習指導要領をもとにした教育課程の編成について、それが関係法令に従って適切に運用されているかが問われ、法的視点が重視される時代が続いた。

　そのような教育課程の編成をめぐり法的視点を重視する時代から、経営的視点が重視される時代が訪れることになったのも 1960 年代後半であり、そのなかで登場するのが教育課程管理という用語であった。すなわち、教育課程の運営をめぐり、経営的な視点を重視し関心をもってとらえる動きが生まれた。おりしも、企業を対象としたマネジメントではマネジメント・サイクルの手法が説かれ関心を集めていた。それは、P（計画）、D（実行）、C（評価）、A（改善）のプロセスによって業務経営を改善する手法であり、それを教育課程の運営に導入をはかる動きが広まりをみせたわけである。

　伊藤和衛・佐々木渡は、「教育課程を管理するということは、地域の児童生徒の実態に即した教育課程を編成し、この教育課程を効率的に実施するための配慮や措置をとることをいう」と述べ、教育課程管理の内容領域として、教育課程の編成、実施、評価、改善があるという（伊藤和衛・佐々木渡『学校の経営管理』高陵社書店、1964 年、pp.268-269）。

　このように、教育課程を編成し実施し評価し改善する営みをつなぎ一連のサイクルとしてとらえることを通して、教育の成果を得ようとする経営的発想と教育課程管理との結合が、その後の教育課程経営、そして、カリキュラム・マネジメントへの歩みの出発点であったととらえられる。

教育課程管理から教育課程経営に

　1970 年代から 1980 年代へと推移するなかで、教育課程に盛り込まれた目

標や内容の具体化、達成のために必要な経営資源の投入をはかる営みとして、教育課程経営という用語が用いられるようになる。

　そこには、教育内容や方法と組織運営が遊離したり乖離しがちな学校の組織特性をふまえ、その改善をはかるねらいも含まれている。すなわち、教育課程経営のもとに授業と組織運営との相即的発展をねらい、両者の接合、一体的な把握、構造的な把握を意図している。

　そこには、教育内容・方法・経営の一体的な把握などと、教育経営学や学校経営学の学問的な発展をはかる問題意識も含み込まれていた。また、教育課程の編成・実施・評価・改善における学校の自主的・自律的な裁量幅をより担保する観点から、教育課程行政をとらえ、その新たな展開を模索するねらいも込められていた。そして、これら問題意識やテーマは、カリキュラム・マネジメントへと引き継がれたとしてとらえられる。

　その意味で、教育課程経営は、カリキュラム・マネジメントというアイディアやコンセプトを生み出す母体であり、その役割を果たすことになったといえよう。

カリキュラム・マネジメントの登場

　そのカリキュラム・マネジメントについて、用語が公的に取り上げられたのは、2003（平成15）年10月7日。中央教育審議会「初等中等教育における当面の教育課程及び指導の充実・改善方策について（答申）」である。「カリキュラム・マネジメント」は、"教育課程及び指導の充実・改善のための教育環境の整備等"において、各学校の取組に対する教育委員会による支援に関わる記述のなかにある。すなわち、各学校への支援として、参考資料の作成や情報の提供などとともに、「カリキュラム・マネジメント」に関する能力を養うために研修などが求められると、述べられている。

　続いて、2008（平成20）年の指導要領改訂の方針を示した中教審答申において、改めて、カリキュラム・マネジメントが取り上げれた。同答申は

「各学校においては…教育課程や指導方法等を不断に見直すことにより効果
的な教育活動を充実させるといったカリキュラム・マネジメントを確立する
ことが求められる」とある。

　教育課程における PDCA サイクルの確立があげられ、そのなかで、「カリ
キュラム・マネジメント」が取り上げられている。まず、教育課程や指導に
ついての評価とそれに基づく改善に向けた取組は、学校評価と十分な関連を
はかりながら行われることが重要。次に、教育課程行政において、PDCA
サイクルの確立が重要。そして、各学校に、次のように、「カリキュラム・
マネジメント」の確立を求めている。そして、このたびのカリキュラム・マ
ネジメントの提起である。

　このように、教育課程をめぐり、管理、経営、マネジメントと用いられる
用語の変遷をたどってみた。

　まずは、いかなる用語にせよ、教育課程を編成し実施することであり、評
価し改善することであり、それらを適正に運営することにあったことを確認
しておきたい。その一方、教育課程管理から教育課程経営へ、そして、カリ
キュラム・マネジメントへと、その道筋をとらえるならば、学校による教育
活動をめぐり裁量を広げ、学校の自主性・主体性を重視する教育政策の推進
があり、その基盤として教育思想や経営哲学の確立がある。

　しかし、教育課程管理として説かれたにしても、あるいは、教育課程経営
として説かれたにしても、実践にまで至らない積み残しが多いテーマとも指
摘できる。これら積年の課題をいかに克服していくか。そのための提起が、
このたびのカリキュラム・マネジメントととらえたい。

［注］
1　なお、このパネルディスカッションについては、『教育展望』2018 年 11 月号、
　　教育調査研究所、pp.21−51 に所収されている。

3
小学校の指導組織の見直し：
「小学校学習指導要領」(昭和 43 年)

教育内容の現代化の求めに刺激されて

　1968（昭和 43）年に告示され 1971（昭和 46）年より本格実施となった小学校学習指導要領を取り上げる。

　当時、教育の現代化と称する思潮が広がりを見せており、それを背景に改訂がはかられている。それはまた、経営資源としての"ヒト"の投入と活用をめぐり、活発な動きを見せていた時代と重なる。すなわち、教育内容の高度化・複雑化を背景に指導体制の改善を目指す取組が各地において様々に試みられていた。

　カリキュラム・マネジメントが教育課程の編成・実施を支える条件整備の営みであることをふまえ、この一連の動きがどのようなものであったのか、一連の経過と意義を明らかにするところから考察を始めることにしたい。

　ところで、この学習指導要領の基本的な方向性を示した教育課程審議会の答申（1967（昭和 42）年 10 月 30 日）は、教育課程の改善にあたり、次の諸点を強調している。

①日常生活に必要な基本的な知識や技能を習得させ、自然、社会および文化についての基礎的理解に導くこと。

②健康にして安全な生活を営むに必要な習慣や態度を身につけさせ、強健な身体と体力の基礎を養うこと。

③正しい判断力や創造性、豊かな情操や強い意志の素地を養うこと。

④家庭、社会および国家について正しい理解と愛情を育て、責任感と協力

の精神をつちかい、国際理解の基礎を養うこと。

また、「答申」は、各教科等について改善の具体方針をあげている。そのうち算数の目標については、「現代の数学教育の発展を考慮して、数学的な考え方がいっそう育成されるようにすること」と述べ、次の点についても言及している。

・諸外国で進められている「数学教育の現代化」の動向をも考慮し、数学的な考え方がいっそう育成されるようにする。

・数学的な考え方の育成は、…新しい概念の導入ともあいまって、このことがいっそう徹底するようにする。

ちなみに、新しく導入する概念として、集合、関数、確率などを例示している。

なお、小学校における各教科等の標準授業時数をみると、高学年の場合、週当たり、国語（7）、社会（4）、算数（6）、理科（4）、音楽（2）、図画工作（2）、家庭（2）、体育（3）、道徳（1）で、合計31時間、年間にすると1085時間とされていた。加えて、当時、特別活動については、授業時数として明示することは困難としつつ、「児童活動」について週あたり2時間程度あてるように配慮する必要があると「答申」は記している。

教育の近代化・指導の効率化と指導組織の改善

このような学習指導要領の誕生と前後して、当時、小学校において指導組織の改善をはかる、すなわち、学級担任制を問い直す動きが広がりを見せていた。

それは、教職の個業的性格を克服して協業を成り立たせる観点から、小学校高学年に一部教科担任制を導入する動きであり、授業を計画的・組織的に交換するなど教科指導の分担をめぐり様々な取組が展開されていた。

それら動きを代表するひとつに神奈川県における取組がある。1965（昭和40）年、県教育委員会は小学校の高学年に教科担任制を導入する試みとし

て、県下9校を研究指定校に指定（教員一名を増配置）し、さらに2校の協力を得て取組をスタートさせた。

県教育委員会は、取組の一般的理由と直接的理由を次のようにあげている。前者については、①指導組織の近代化・合理化の必要性についてである。②小学校高学年の学級担任制は交換授業・専科教員・奉仕授業などによって、本来の原則的な姿からはかなり変容している。③一学級全教科担任制は負担能力や勤務時間量からみて問題が大きい、など。後者については、①小学校教員確保の困難性への対応。②専科的教員の効率的な能力の向上。など。また、目指す目標については、小学校高学年の教育に教科担任制を取り入れ、教育活動の組織化・能率化をはかり、学習指導、生活指導の両面の指導力強化と教育効果の向上を目指すとしている。

もっとも、この試みは、中学校型の教科担任制を目指すものでなく、学級担任制によって協力指導を組織するものとされ、あくまでも小学校における学級担任間の協力的関係を追求するとされていた。

なお、神奈川県教育委員会より研究委託を受けた横浜国立大学教育学部附属鎌倉小学校では、"学年担任"とか"学年経営"という考えを強く打ち出し、高学年において3人で学年チームを組み、2学級を3人の学年担任が担任する2クラス3人制を試みていた（横浜国立大学教育学部附属鎌倉小学校研究紀要『教科担任制の効用—教科指導の深化とくふう』1969年）。

いずれにしても、教育内容が高度化・複雑化されるなかで、一人の学級担任がすべての教科を引き受けることには無理がある、とりわけ高学年においては、というのが多くの関係者の共通した問題意識であり、それが一連の取組を推進する原動力となっていた。

総則の配慮事項
協力的な指導の求め

さらに、一連の取組を支え主導したのが、1968（昭和43）年告示の学習

指導要領であり、直接的には、総則の協力的指導を求める配慮事項であった。

この学習指導要領の第1章総則は、「第1　教育課程一般」「第2　道徳教育」「第3　体育」の三つの柱によって構成されている。このうち、「第1　教育課程一般」には、いわゆる配慮事項があり、その（4）として、「指導の効率を高めるため、教師の特性を生かすとともに、教師の協力的な指導がなされるようにくふうすること」とある。

この総則に盛り込まれた配慮事項は、協力指導の求めとして、これまで述べてきた動き支え生み出すにあたり大きな影響力を有していた。なによりも、学習指導要領において、教育内容の見直しを連動させて、教師間の協力的指導を促す観点から、指導組織の見直しに言及したことの意味は少なくなかった。すなわち、小学校における学級担任制の見直しの求めとして、高学年における一部教科担任制やティーム・ティーチングの試みへと、その道を拓く役割を果たすことになった。

もっとも、この協力指導をめぐる配慮事項は、継続性に欠けたことも指摘しておかねばならない。すなわち、1977（昭和52）年告示の小学校学習指導要領には、協力指導に関わる配慮事項は見当たらず、取組の衰退と密接に関係することになり、再び取り上げられるのは、1989（平成元）年告示の小学校学習指導要領においてである。同総則には、「学校の実態等に応じ、教師の特性を生かしたり、教師の協力的な指導を行ったりするなど指導体制の工夫改善に努めること」とある。

教育課程・授業・組織運営の一体的・関連的把握

カリキュラム・マネジメントは、教育内容と教育方法と組織運営の三者を一体的、全体的、相互関連的にとらえ、目指す目的や目標の達成に迫る発想を重視した経営手法である。ポイントは、内容と方法と経営との互いの関連の把握にある。

しかし、教育課程は教育課程として、授業は授業として、組織運営は組織運営として、それぞれ"領域"を設けて歩んできたといっても過言でない。条件整備を主な守備範囲とする教育の制度、行政、経営にしても、それぞれにおいての歩みは認められるものの、教育課程や授業との相互の関連を探るとなると、これからに多くが委ねられているのが現状である。

その一方、このたびの中央教育審議会の「答申」は、経営資源の効果的な投入と活用を視点とするカリキュラム・マネジメントをめぐり、「教科等の内容について、『カリキュラム・マネジメント』を通じて相互の関連付けや横断を図り、必要な教育内容を組織的に配列し、各教科等の内容と教育課程全体とを往還させるとともに、人材や予算、時間、情報、教育内容といった必要な資源を再配分することが求められる」と、教育内容の条件整備の往還を促している。

まさに、カリキュラム・マネジメントは、学校教育目標の達成や育成を目指す資質・能力の育成を軸にして、これら教育課程・授業・組織運営の三者に"横串"を刺す営みということになる。

いずれにしても、このような発想や手法の源流を求めるならば、教育内容の現代化への動きと連動して小学校の指導組織の見直しを喚起した1968（昭和43）年告示の学習指導要領改訂に、その萌芽をとらえることができると述べておきたい。

［参考文献］
・天笠　茂「協力指導組織改善の歴史―いかなる動きが見られ、何が課題して残されたか―」『教職研修』1994年6月号、教育開発研究所、pp.98-101

4

教育課程の編成・実施・評価：
「小学校指導書　教育課程一般編」(昭和 53 年 10 月)

学校に基礎をおくカリキュラム開発

　1977（昭和 52）年改訂の学習指導要領を取り上げる。この学習指導要領は、1973（昭和 48）年 11 月に教育課程審議会に諮問、1976（昭和 51）年 12 月に答申を受け、1977（昭和 52）年 7 月、改訂、1980（昭和 55）年 4 月、小学校において全面実施という経過をたどっている。基準の大綱化をはかり、ゆとりのある学校生活の中で、学校や教師の創意工夫と相まって基礎と基本を確実に身に付けさせることを標榜し、学校裁量の時間を新設したことが知られている。

　なお、この学習指導要領が誕生する数年前に、わが国のカリキュラムの歴史においても、見落とすことのできない動きがあった。カリキュラムに関する国際会議の東京における開催である。1974（昭和 49）年、文部省とOECD-CERI による「カリキュラム開発に関する国際セミナー」の開催がそれである。そこでは、カリキュラムについて、一度つくりあげたら一定の期間は手をつけないとするスタティックなものではなく、教育目標、指導の手順、教材、評価方法などプランや設計をも含み、絶えず検討され、評価され、修正されるものであり、継続的なプロセスであり、教師の日々の創意と工夫という意味合いが強いもの、という概念が提起され、その上で、学校を基盤とするカリキュラム開発の重要性が指摘された。

　この国際セミナーをはじめ、その後の続く学習指導要領改訂の動きをとらえると、この時期、カリキュラムや教育課程について関心の高まりが認めら

れる。すなわち、教育課程とカリキュラム、学習指導要領と教育課程、教育課程の基準、などについて議論が活況を呈し、学校で教育課程の編成することの重要性が広く共有されたことは注目してよい。

　何よりも、カリキュラムを動態としてとらえる視点が提起されたこと、授業の設計や準備、実際、そして、振り返りが、カリキュラム開発の過程において重要な位置を占めることなどは、その後のカリキュラムをめぐる研究や実践に大きな影響を与えることになった。

指導書と三つの指導資料

　ところで、当時、指導書と称していた「小学校指導書　教育課程一般編」（1978（昭和53）年10月）は、学校において編成すべき教育課程について、「学校教育の目的や目標を達成するために、教育の内容を児童の心身の発達に応じ、授業時数との関連において総合的に組織した学校の教育課程」と、今日につながる定義を示し、章立てを次のようにPDCAとした。

　第1章　教育課程の基準

　第2章　教育課程の編成

　第3章　教育課程の実施

　第4章　教育課程の評価と改善

　その上で、教育課程の編成の手順について、一例を示すとして、①教育課程の編成に対する学校の基本方針を明確にする。②具体的な組織と日程を決める。③事前の研究や調査をする．④学校の教育目標など教育課程の編成の基本となる事項を定める。⑤教育課程を編成する。と一連の手順を示している。

　また、学校の教育目標を効果的に達成するために教育課程の編成と実施が適切に行われたかを確かめ、改善の方策を立てる必要があると、教育課程の評価と改善についても取り上げている。

　このように、編成・実施・評価・改善のサイクルを意識してまとめてお

り、さしずめ、今日なら、カリキュラム・マネジメントの二つ目の側面、すなわち、PDCA サイクルの視点からのカリキュラム・マネジメントについて解説をはかった手引書ということになる。

　一方、この学習指導要領のもとに、次のように三つの指導資料がまとめられた。

　まず、「小学校教育課程一般指導資料Ⅰ」（1981（昭和 56）年 2 月）について。本指導資料は、教育課程の編成・実施と学校の創意工夫を説くとともに、日課表の工夫など教育課程の編成、及び合科的な指導などについて、どのように進めていけばよいか、実践事例の紹介を通して解説をはかっている。

　また、教育課程の評価と改善についても、一つの章を設けて解説をはかっている。ただ、この点については、意義や必要事項について要点を示すにとどまり、実践事例を盛り込むまでには至らなかった。

　次に、「小学校教育課程一般指導資料Ⅱ　地域の実態に即した教育課程」1982（昭和 57）年 11 月）について。本指導資料は、タイトルにもあるように地域の実態に応じた教育課程を編成することの意義と必要性を説いている。ちなみに、その意義について、次の諸点をあげている。

・学習主体としての児童の実態に注目しつつ、そこから教育活動を出発させようとするものである。
・教室の中に児童を閉じ込めたまま、定型的な授業を展開するのではなく、学校の置かれた地域の環境条件を活用して創意工夫を加えていく積極的な学校教育の在り方を目指すものである。
・地域に即した教育は、学校と地域社会との信頼、協力の関係を確立することを目指すものである。

　その後の経過において、地域に開いていくことが学校にとって課題であり続けたことは、周知の通りである。教育課程の編成・実施・評価・改善を通して地域との関係づくりをどのように進めていくか。その例示と解説が本指導資料である。それは、今日の「社会に開かれた教育課程」とつながるとこ

ろがあるといってもよい。

そして、「小学校教育課程一般指導資料Ⅲ　個人差に応じる学習指導事例集」（1984（昭和 59）年 11 月）について。

連の指導資料の 3 冊目として、授業改善を取り上げている。改訂にあたり、教師主導の一斉授業の改善が強く意識されていた。学習者の発達段階や能力・適性などをふまえ、創意工夫に満ちた授業を促すことを意図しての編集であり、多くを授業改善の事例の紹介にあてている。

教育課程の編成・実施・評価・改善を説き、その上で、授業改善に迫る。教育課程の PDCA サイクル確立と授業改善とをつなぐ。3 冊の指導資料は、このような全体的な構想のもとに編集されている。教育課程から授業へ、授業から教育課程へ。このサイクルやルートの確立が、今日の学校においても課題でもあり、カリキュラム・マネジメントの提起の一つもこの改善にある。

その意味で、学習指導要領改訂に始まり、学校における教育課程の編成を、授業改善をテーマとする指導資料の刊行をもってまとめた意義を、教育課程と授業の循環を生み出す観点から、読み取っておくことが大切である。

今日につながるもの

このように、学習指導要領と指導書、そして、指導資料を加えてセットにして、学校において教育課程を編成・実施することの意義をはじめ、実際の手順を解説したことの今日的な意義を探ってみたい。

改訂にまつわる一連の動きは、教育課程の PDCA とは何かということを明示し、各学校に理解を求めたものとしてとらえることができる。

しかし、この改訂のコンセプトについて、この全体像がどこまで理解され、受け止められたかとなると、それは部分的・断片的な理解にとどまり、受け止められることになったといえよう。その象徴が、「ゆとり」であり、それが独り歩きするような状況が生み出されたということである。あるい

は、教育課程の PDCA については、観念が上滑りし、広がりをもって定着というには、至らなかったこともおさえておきたい。

　ただ、そのような状況が生み出されたとしても、教育課程の編成・実施・評価・改善の実質化を目指したアイディアやコンセプトは、今日、提起されているカリキュラム・マネジメントの原型として、あるいは初期の形態として表されたものとしてとらえることができ、その意義と中身を改めて吟味してみてもよいと考える。

　いずれにしても、カリキュラムへの関心の高まりを背景に構築された教育課程の編成・実施・評価・改善に関するアイディアについて、これをどうとらえるか。20 世紀の遺産をカリキュラム・マネジメントを展開する立場から、どのように引き継ぎ発展させていくか、その在り方が問われている。

5

合科的な指導：
「小学校教育課程一般指導資料Ⅰ」（昭和56年2月）

教科間の相互の関連をはかる

　教科等横断的な視点によるカリキュラム・マネジメントに関わるアイディアをめぐり、学習指導要領改訂の歩みを遡ってみると、1977（昭和52）年に告示された小学校学習指導要領に関わる一連の動き、なかでも合科的な指導の求めに辿り着く。

　関連する教科の内容を組み合わせて単元や題材、さらには、指導計画を作成して指導にあたる合科的な指導。それが、小学校の低学年に限られた動きであったとしても、今日の教科等間の連携や横断をはかるアイディアにつながる。この合科的な指導の求めを取り上げてみたい。

　1977（昭和52）年に告示された小学校学習指導要領の総則には、学校が指導計画を作成すべき事項、いわゆる配慮事項が次のように示されている。

　「学校においては、次の事項に配慮しながら、学校の創意を生かし、全体として調和のとれた具体的な指導計画を作成するものとする。

　（1）各教科、道徳及び特別活動について、相互の関連を図り、発展的に、系統的な指導ができるようにすること」

　この相互の関連をはかる指導の求めは、小・中学校ともに共通しており、しかも一部文言の修正はあるものの、1968（昭和43）年に告示された学習指導要領総則より引き継がれたものである。

　もっとも、これらは指導計画の作成にあたり一般的に配慮すべき事項としてとらえられ、実際のところ、教科間の関連をはかる実践が広がりを見せる

までには至らなかった。すなわち、各教科等間の相互の関連をはかることには、常に留意すべきこととされ、この配慮事項をもって関連をはかる指導が前進をみせるところまでは至らなかった。

　ただ、この1977（昭和52）年告示の学習指導要領が注目される所以は、合科的な指導に関わる事項として、「なお、低学年においては、合科的な指導が十分にできるようにすること」と示されたことによる。いわゆる合科的な指導の求めであり、これを契機に教科と教科の関連や連携をはかる指導を探究する、大きな流れが生まれることになった。すなわち、この合科的な指導の求めが、次の改訂における生活科への道を拓くことになる。

合科的な指導に関する七つの事例

　その合科的な指導について、指導資料として編集されたのが、「小学校教育課程一般指導資料Ⅰ」（1981（昭和56）年2月）である。そこには、教育課程の編成・実施をはじめ、評価と改善について、さらに合科的な指導についての基本的な考え方が述べられるとともに、次の通り七つの事例が集録されている。

　これら七つの事例について、単元名、授業時数、取り上げられた教科等を中心に次に示しておきたい。

　1．社会の指導内容を中核として、数教科の指導内容を取り入れた事例
　　・第2学年　・単元名　やおやさん（10時間）
　　・取り上げられた教科等：国語、社会、算数、図画工作
　2．理科の指導内容を中核として、数教科の指導内容を取り入れた事例（その1）
　　・第1学年　・単元名　カラーのかげえ（9時間）
　　・取り上げられた教科等：国語、理科、音楽、図画工作
　3．理科の指導内容を中核として、数教科の指導内容を取り入れた事例（その2）

　　・第2学年　・単元名　虫さがし
　　・指導時間7時間（うち合科的な指導4時間）
　　・取り上げられた教科等：理科、図画工作、体育
　4．社会と理科の指導内容を中核とした事例（その1）
　　・指導学年　第1学年　・単元名　さんぽ（指導時間数33時間）
　　・取り上げられた教科等：国語、社会、理科、図画工作
　5．社会と理科の指導内容を中核とした事例（その2）
　　・第2学年　・単元名　のりものごっこ（指導時間数17時間）
　　・取り上げられた教科等：国語、社会、理科、図画工作
　6．複数の教科の指導内容を並列的に取り上げた事例（その1）
　　・第1学年　・単元名　たなばたまつりをしよう（指導時間数6時間）
　　・取り上げられた教科等：国語、社会、算数、理科、音楽、図画工作
　7．複数の教科の指導内容を並列的に取り上げた事例（その2）
　　・第1学年　・単元名　おもちゃ遊び（指導時間数8時間）
　　・取り上げられた教科等：体育、音楽

　これら事例から、社会科と理科の合科を強く意識していたことが読み取れる。複数の教科について並列的に関連をはかったケースなどを取り入れ、各教科等へのバランスに配慮しつつも、社会科を、あるいは、理科を中核に各教科等との関連をはかったケース、社会科と理科を合わせて中核に各教科との関連をはかったケースなど、社会科や理科を中心に合科を志向する方向が打ち出されている。

合科的な指導を起点にカリキュラム・マネジメントへ

　ところで、合科的な指導とは、「幾つかの関連する教科の内容を有機的に関連づけて指導計画を作成し、それを児童の具体的な活動を通して指導すること」とある。しかも、このような指導方法は、「発達的に未分化な小学校低学年の児童の指導の効果を高めるために有効な方法だと考えられている」

（「指導資料Ⅰ」p.57）とされる。すなわち、合科的な指導は、教科別の学習に無理なく移行させるために、また、教科別学習と児童の発達の特性とのギャップを埋めるために、配慮された指導方法とされた。

　もっとも、合科的な指導を発達の未分化な子どもに限定することについては、さらに検討が加えられることになった。合科的な指導をめぐるその後の歩みは、直接体験させる学習活動、すなわち、体験的な活動へと傾斜していき、教科と教科の関連を探るとか、教科の枠を越えて計画的に指導をはかるといった教科や教育課程への着目は薄らいでいったことは否めない。

　たとえば、七つの事例にみられるように、当初は、社会と理科の合科という性格を強く有していた。しかし、その後の生活科創設への経過を通して、合科的な指導は、体験的な活動を多く引き受けることによって、教科と教科の関連を探求することよりも、体験的な総合学習としての色合いを濃くしていった。

　そこには、合科的な指導の対象を"発達的に未分化な小学校低学年の児童"に限定したことに大きな要因があったわけで、今日においては、すべての学年の児童を対象に広げ、関連する教科の内容を有機的に組み合わせて効果的な指導をはかる単元や題材の開発が課題とされている。

　なお、「指導資料Ⅰ」は、合科的な指導が取り上げられる背景として学問の専門分化を取り上げ、多角的、総合的な見方・考え方の必要性について言及し、総合する考え方や学際的な知識の重要性が高まりつつあることを指摘している（p.59）。

　ただし、それは、そのような事情もあるといった補足的説明にとどまるものであった。しかし、この点こそ、育成を目指す資質・能力として、このたびの学習指導要領改訂が求める課題として位置付けられており、そこに40年を超える時の経過がある。

　いずれにしても、その後の生活科、総合的な学習の時間の創設という歩みをふまえた時、それぞれの取組が、このたびのカリキュラム・マネジメントに関わるアイディアや手法の形成に深く関わっていることに、しかも、その起点として合科的な指導があることに注目したい。

6

横断的・総合的な学習の求め：
「小学校学習指導要領解説　総則編」
（平成 11 年 5 月）

総合的な学習の時間の創設

　1998（平成 10）年に改訂された学習指導要領において総合的な学習の時間が創設された。このたびのカリキュラム・マネジメントの在り方を探るにあたって、この総合的な学習の時間の創設を無視することはできない。すなわち、創設にともなって示されたコンセプトの多くが、その後の変遷を経て、今日の教科等の横断を視点とするカリキュラム・マネジメントに結びついている。

　その意味からも、とりわけ教科横断を視点とするカリキュラム・マネジメントをとらえるにあたって、創設当時の経緯などを含めて総合的な学習の時間に関する理解が欠かせない。

　当時、総合的な学習の時間が目指すところが、各学校の創意工夫を生かすことにあり、また、教科等の枠を越えた横断的・総合的な学習の実現をはかることにあり、このねらいは今日においても変わっていない。

　中央教育審議会第一次答申（1996（平成 8）年 7 月）をふまえ、教育課程審議会答申（1998（平成 10）年 7 月）は、教育課程の基準の改善のねらいの一つとして、変化の激しいこれからの社会をふまえ、自ら学び、自ら考える力を育成することをあげ、次のような教育活動や指導の重要性や必要性を指摘している。

　まずは、社会の変化に主体的に対応して行動できる力や能力の育成をはかる教育活動の必要性を、次のように述べている。すなわち、「知的好奇心・

探究心をもって、自ら学ぶ意欲や主体的に学ぶ力を身に付けるとともに、試行錯誤をしながら、自らの力で論理的に考え判断する力、自分の考えや思いを的確に表現する力、問題を発見し解決する能力を育成し、創造性の基礎を培い、社会の変化に主体的に対応し行動できるようにすることを重視した教育活動を積極的に展開していく必要がある」と。

　また、知の総合化を重視した指導の重要性を、次のように指摘している。すなわち、「知識と生活との結び付き、知の総合化の視点を重視し、各教科等で得た知識・技能等が生活において生かされ、総合的に働くようにすることに留意した指導も重要であると考える」と。

　その上で、総合的な学習の時間の創設をはかり、各教科等とともに多様な学習活動の展開を、次のように求めた。

　「各学校において、（略）各教科等や今回創設される『総合的な学習の時間』などにおいて、体験的な学習、問題解決的な学習、調べ方や学び方の育成を図る学習などが重視されるとともに、自ら調べ・まとめ・発表する活動、話し合いや討論の活動などが活発に行われることが望まれる」

　これを受け、総合的な学習の時間などを盛り込んだ学習指導要領を 1998（平成 10）年 12 月に告示、小学校は 2002（平成 14）年度より本格実施した。

既存の教科等の枠を越えた横断的・総合的な学習

　このように、「生きる力」を育てるにあたり、既存の教科等の枠を越えた横断的・総合的な学習の実現が求められるとして、総合的な学習の時間が創設されることになった。

　「小学校学習指導要領解説　総則編」1999（平成 11）年 5 月）（以下、「解説」）は、総合的な学習の時間について、既存の教科等の枠を越えた横断的・総合的な学習の実施を求めて創設したことを、次のように述べている。

　「自ら学び自ら考える力などの『生きる力』をはぐくむために、既存の教科等の枠を超えた横断的・総合的な学習を実施できるような時間を確保する

必要もあることからその創設が提言されたものである」（「解説」p.45）

　このように、「生きる力」の育成と既存の教科等の枠を越えた横断的・総合的な学習とを強く結びつけたところに総合的な学習の時間の創設があった。

　「解説」は、総合的な学習の時間が、「各教科等で身に付けられた知識や技能を相互に関連付け、総合的に働くようにすることを目指すもの」（「解説」p.47）と述べるとともに、各教科等の学びと総合的な学習の時間における学びについて、今日の言葉でいう“往還”を説いている。

　また、各教科等で学んだことを生活に生かすことの大切さを、次のように指摘する。

　「学校で学ぶ知識と生活との結び付き、知の総合化の視点を重視し、各教科等で得た知識や技能等が生活において生かされ総合的に働くようにすることが大切である」（「解説」p.47）

　その一方、総合的な学習の時間で身に付けた力を、教科等の学習に生かすことの大切さも、次のように指摘する。

　「総合的な学習の時間で身に付けた力を各教科等において生かしていくことが大切であり、各学校では、総合的な学習の時間と各教科等の指導計画の有機的な連携に配慮する必要がある」（「解説」p.47）

　このように、知の総合化をめぐり、各教科等間の関連づけ、各教科等の学習と生活との結合、総合的な学習の時間の各教科等における活用など、様々な取組が説かれた。

　しかし、この当時、「生きる力」について、それが、なぜ求められるかについても、いかなるものであるかについても、理解に広がりを欠いていたことも否定できない。多くの学校関係者にとって、「生きる力」は、漠然としたもの、曖昧なものととらえられたといっても過言でない。

　何よりも、総合的な学習の時間を始めるにあたって、既存の教科等に横断的・総合的な学習への備えが欠けていた。

　「生きる力」が説くところは総合的な学習の時間が全て引き受け、既存の

教科等は従来からの路線を引き継ぐといった"棲み分け"が生まれた。別の言い方をするならば、各教科等と総合的な学習の時間の相互の関係が十分に詰められていなかったことによって、総合的な学習の時間を核とする教育課程は推進力を減衰させることになった。

このように、知の総合化は、また、既存の教科等の枠を越えた横断的・総合的な学習は、2003（平成15）年の学習指導要領の一部改正を迎えることになる。さらには、2008（平成20）年の学習指導要領改訂の基本方針を示した中央教育審議会答申（平成20年）における、「各教科と総合的な学習の時間との適切な役割分担と連携が必ずしも十分に図れなかった」との指摘となり、総合的な学習の時間は見直しを迫られることになった。

ただ、それは、路線の撤廃とか転換といったものではなく、知の総合化に至る道筋の修正と整備であることを確認しておきたい。

なお、総合的な学習の時間を創設した学習指導要領改訂は、同時に、合科的な指導についても見直しをはかっている。生活科の創設前後に関心を集めた合科的な指導について、それまで小学校低学年に限定されていたものを、第3学年以上においても合科的な指導を進めることができるようにした。すなわち、学校教育法施行規則の改正を行い、合科的・関連的な指導が、すべての学年において進められることを示した。これも、知の総合化の実現を目指す道筋の修正と環境の整備をはかる取組としてとらえておきたい。

総則及び学習指導要領の在り方が問われた

一方、総則をはじめとする学習指導要領の在り方が問われたことも取り上げておきたい。当時、総則は次のような構成をとり、そこに総合的な学習の時間を位置付けていた。

第1　教育課程編成の一般方針
第2　内容等の取扱いに関する共通的事項
第3　総合的な学習の時間の取扱い

第4　授業時数等の取扱い

第5　指導計画の作成等に当たって配慮すべき事項

　このように、総合的な学習の時間を総則に位置付け、各教科等と同じように章を設けて位置付けることはせず、各学校の創意工夫を生かした教育活動を重視することを根拠にしたことについて「解説」は、次のようにある。

　「この時間については、各学校が創意工夫を生かした教育活動を行う時間であることから、各教科、道徳及び特別活動のように第2章以下に目標や内容を示さず、総則において、ねらいや学習活動、配慮事項等の取扱いについて示すことにした」（「解説」p.8）

　何に取り組むか、その内容は、学校の裁量に委ねるとし、趣旨やねらいにとどめ、総則に定めるとしたのが、この当時の考え方であった。

　しかし、この総則に趣旨やねらいを示すに留める意図は、学校現場に十分に伝わったとは言い切れない。国が趣旨やねらいを大綱的な基準として示し、それを学校が受け止めて教育活動として展開をはかる。この両者の関係に揺らぎが生じはじめたのも、この当時からといえないであろうか。

　それはまた、総則において理念や基本方針を示すことも、現場に対するメッセージとしては一定の限界をもっていることを示唆するものであった。すなわち、総則において理念や方針、趣旨やねらいを示しても、教科等として一定の具体性をもって示されないと、教育活動にまで展開しかねるというのが学校現場の声ということになる。

　このように、総合的な学習の時間の総則への位置付けは、学習指導要領の在り方、とりわけ総則の位置付けや性格について見直しをはかる格好の機会であった。しかし、その後の経過は周知の通り、それらに手を加えることはできず、積み残しの課題ということになった。

　その意味で、このたびの改訂において「学びの地図」の名もとに学習指導要領の構造を変える取組は、総則の問い直しも含め、当時、着手することのできなかった課題にようやく取り組んだということになる。

　知の総合化をはかる観点から、既存の教科等の枠を越えた横断的・総合的

な学習の実現を目指した1998（平成10）年の学習指導要領は、すでに歴史のかなたにある。ただ、このたびのカリキュラム・マネジメントの在り方を探る上で、この学習指導要領を吟味してみることも必要といえよう。

第Ⅱ部

実践編

第 1 章

授業を変える

教科等横断をどうとらえる

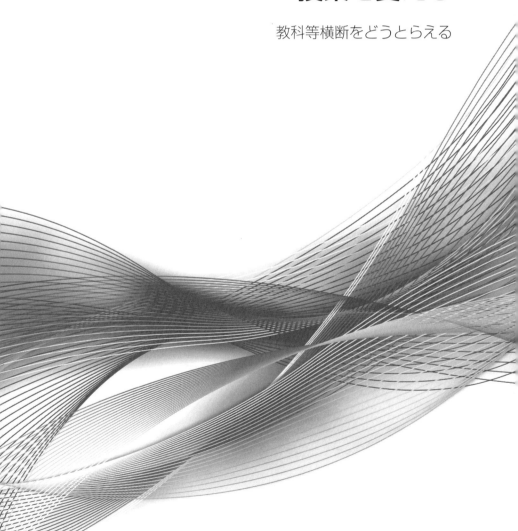

1

育てたい資質・能力と教科等間の関連・横断

教科等間の関連・横断をめぐって

　中央教育審議会初等中等教育分科会教育課程部会「審議のまとめ」(2016
（平成 28）年 8 月 26 日）には、次のように、教科等間の関連をはかること
を可能にする教育課程の必要性について述べた一節がある。
　「目指す方向は、教科等を学ぶ本質的な意義を大切にしつつ、それぞれの
教科等の学びを教科等の縦割りにとどめるのではなく、教科等間の相互の関
連を図ることによって、子供たちが生きて働く知識を習得し、学びを人生や
社会に生かそうとしながら、未知の状況にも対応することを可能とする教育
課程である」
　環境教育や国際理解教育をはじめ安全教育や法教育など、様々に存在する
現代的な課題への対応が求められるなかにあって、このたびの改訂では、そ
の手立てとして教科等間の関連・横断をはかるカリキュラム・マネジメント
が提起された。
　それは、特定の教科等にとらわれずに教育課程全体をとらえて教科等間の
関連・横断をはかることによって、環境や安全などの課題やテーマに迫ろう
とするものである。各教科等ごとに配列され組織された単元や主題につい
て、その枠を越えて取捨選択をはかり相互に関連付け指導計画の作成をはか
る。
　たとえば、環境教育の場合、社会科にはごみ処理などに関する単元、理科
には地球環境に関する単元、国語科には自然環境の保全に関連する題材があ

る。これらを関連させ、組織化をはかることによって環境教育を成り立たせようとする手法である。

　その一方、資質・能力を基盤とする教育課程について、育てたい資質・能力を起点とした教科等間の関連・横断についても、その在り方が問われることになった。一口に教科等間の関連・横断を視点とするカリキュラム・アプローチといっても、課題やテーマをもとにした場合と、資質・能力をもとにした場合とでは、それぞれ着眼すべき点、アプローチの手法、留意すべき点など、異なる点がある。

　この点をふまえ、先に、現代的な教育課題へのアプローチとしてカリキュラム・マネジメントについて、課題を起点にして、また、育てたい資質・能力を起点にして、それぞれの在り方を探ることが問われている。

現代的な課題（○○教育）と教科横断

　ところで、課題やテーマを起点にした現代的な教育課題へのアプローチとして、実際には、関連するノウハウについて、すでに相応の蓄積がなされているとみられる。

　たとえば、キャリア教育についても、生活科に始まり、社会科での地域の学習、さらに、総合的な学習の時間、それに、特別活動など課題に即して関連する教育内容を各教科等から抽出する取組が認められる。

　それを、目的的・計画的に行っている学校と、その域にまで達していない学校が存在することも否定できないものの、教育課程全体を俯瞰し、教科等それぞれの枠を越えて教育内容を抽出し、それらを関連づけ再組織化をはかるノウハウについては、一定程度の普及がみられる。

　ただ、学級担任制を取ってきた小学校においては、学級担任に授業をはじめとする教育活動について、教育課程でとらえる発想や視野が一層求められている。また、教科担任制を取ってきた中学校や高等学校においては、教育課程のもとに教科担任間の連携や協働をはかることが、また、そのためのシ

ステムの整備やマネジメントの洗練が求められている。

〈横串を刺す〉ということ

　その一方、資質・能力をもとに教育内容を組織することについては、課題やテーマを起点にしたアプローチと比較して、ノウハウの蓄積は乏しく、これからの開発的な取組に拠らねばならないところも多分にある。

　もっとも、その取組についても、まったくゼロからのスタートということではない。たとえば、総合的な学習の時間について、これまでの取組をみるならば、そこに、育てたい資質・能力から授業を組み立ててきた一連の取組の蓄積を認めることもできる。

　その意味で、このたびの資質・能力からの求めは、育てたい資質・能力を明らかにして授業の設計と展開をはかってきた総合的な学習の時間をもとに、その蓄積されてきたノウハウの洗練の求めとして位置付けられる。

　さらに、いうならば、平成 20 年版学習指導要領が提起した基本的な方針としての言語活動の充実の求めに、このたびの資質・能力を育てる取組のスタートラインがあるとみられる。まさに、言語活動の充実は、このたびの学習指導要領改訂の目指す方向として、継続的・発展的な取組として位置付けられ、さらなる授業への浸透がはかられることになったといえよう。

　その言語活動をめぐって、〈横串を刺す〉ということがいわれた。それは、言語活動を各教科等に浸透させることをねらいとするものである。すなわち、国語から特別活動まで、それぞれの教科等において、言語活動の充実に関わるねらいを受け止め、それぞれを授業において具体化をはかるねらいがあった。

　別の言い方をするならば、教科等の枠を越えて教育課程全体を通して言語に関連する資質・能力の育成を求めたともいえる。

　そこで、問われることになったのが、まずは、言語活動を通して、いかなる資質・能力を育てるか、その明確化である。

　次に、その資質・能力を育てるために、いかなる授業を組み立てるか、そのために、教育課程全体を通して、各教科等の横断をはかり、どのような教育内容、いかなる教材を準備するかが問われる。

　ちなみに、ある小学校では、次のような、2年間にわたる校内研修・研究の成果をもとに、「思考力・判断力・表現力を育む言語活動の充実－国語科・特別活動を通して－」をテーマに公開研究発表会を開催した（2015（平成27）年11月）。

　同校では、国語科、社会科、それに、特別活動を中心に思考力・判断力・表現力を育む言語活動の充実を目指し、授業研究に取り組んだ。公開研究発表会では、それぞれの学年において、国語と特別活動（学級活動）の授業を公開した。国語科を中心に言語に関わる資質・能力を育て、それを特別活動を通して実践をはかり、より確かなものにすることが、また、一連の過程を通して授業力量の向上を目指すことが、学校のねらいであった。

　言語活動の充実のもとに、国語科、社会科、特別活動に関わる授業研究を進めることによって、まさに〈横串を刺す〉ねらいが、参観者にもよく伝わる発表会であった。

　このような言語活動の充実をめぐる取組について、裾野を広げることが課題であり、次に学習指導要領が求める教育課程の編成やそのもとの授業イメージを膨らませる観点から、その蓄積が問われている。

　この点について、「審議のまとめ」は、言語活動の充実について、思考力・判断力・表現力等の育成に大きな効果を上げてきた一方、どのような力を育み伸ばすのかを、より明確にして実践していくことの必要性が浮かび上がっていると述べ、先の学習指導要領では、各教科等を貫く改善の視点として掲げるにとどまっている、と指摘した。

　その上で、教育課程が抱えている課題を次のように指摘し、改訂の方向性を示唆した。

　「教育課程全体としてはなお、各教科等において『教員が何を教えるか』という観点を中心に組み立てられており、それぞれ教えるべき内容に関する

記述を中心に、教科等の枠組みごとに知識や技能の内容に沿って順序立てて
整理したものとなっている。そのため、一つ一つの学びが何のためか、どの
ような力を育むものかは明確でない」

　言語活動をめぐって、資質・能力の一層の明確化、及び、各教科等を貫く
ことへの実質化を提起しており、学習指導要領改訂を通して次への段階への
移行を強く求める一節となっている。

資質・能力をベースとするカリキュラムの開発

　ところで、新潟県上越市立大手町小学校は、2012（平成 24）年から 2014
（平成 26）年までの 3 年間、さらに、延長として、2015（平成 27）年から
2016（平成 28）年の 2 年間の計 5 年間、研究開発学校として、教育課程の
開発に取り組んだ。

　その中心的な、テーマは六つの資質・能力を柱とする教育課程の開発で
あった。同校の説明によれば、育みたい資質・能力を焦点づけ、それに適し
た学習内容を位置付けるという編成原理によって教育課程を生み出すという
ものであった。その六つの資質・能力とは、次の通りである。

- ・探求力：物事の本質を深く探ろうとする力（意欲・主体性・知的好奇
  心・計画実行力など）
- ・情報活用力：知識・情報を生かしながら、考えを論理的に整理する力
  （情報編集力・論理的思考力・批判的思考力など）
- ・コミュニケーション力：言葉を通して、周りのもの・こと・人にかかわ
  る力（人にかかわる力・言語運用力・傾聴力・対話力など）
- ・創造性：新しいものを創り出していく力（感性・発想力・表現力など）
- ・自律性：自分で自分自身（心身）を調整していく力（身体性・自己調整
  力・自他理解力など）
- ・共生的な態度：周りのもの、こと、人との関係をよりよくしていく態度
  （人間関係形成力・協調性・柔軟性など）

　さらに、これらの資質・能力の基盤に「内省的な思考」をあげ、自分の考えや行動を振り返り、これからの自分の在り方を考えようとする思考、と説明している。

　その上で、これら六つの資質・能力の発揮を促す要件を整理して、次の六つの領域による教育課程を編成したとする。

・「生活・総合」
・「数理」
・「ことば」
・「創造・表現」
・「健康」
・「ふれあい」

　これら一連の取組は、資質・能力をベースとするカリキュラム開発の先駆けとなるものとしてもとらえることができる。

　その一連の研究開発から、次のようなメッセージが残されている。すなわち、この研究開発を通して、「資質・能力の育成には良質な学習内容や学習材の存在が不可欠であることを捉えるようになった」と。また、今後の課題について、「資質・能力の発揮を促す学習内容や学習材の在り方について検討を加えたい。その上で資質・能力と学習内容とが一体化して育まれる大手町小学校の教育課程を創造していきたい」（平成 26 年度研究開発実施報告書（要約））と。

　このように、資質・能力の育成には、良質の学習内容を必要とするとの指摘は、育てたい資質・能力を起点にした教科等の横断・関連をはかるカリキュラム・マネジメントについて、一つの在り方を提起したものといえよう。改めて、育てたい資質・能力と教育内容との関連をめぐり、授業研究を通した単元開発の蓄積を通した積み上げの必要性を確認しておきたい。

2

教科横断を視点とするカリキュラム・マネジメント

変化の波に晒される教科等と教育課程

　20 世紀に起源をもつそれぞれの教科等は、21 世紀という時代の波に常に晒されているといっても過言でない。将来への広がりのある視野と展望のもの、社会の変化を敏感にとらえる鋭敏さと柔軟さの保持が問われている。すなわち、社会の変化を見据え、自らの刷新をはかっていく姿勢と活力、そして、行動力が、将来への存続の鍵を握っており、もし、それらを失うならば、いずれ淘汰されることになる。

　その押し寄せる変化の波として、教科間の相互の関連や連携への問いかけを見据えておく必要がある。また、教科等によって編成される教育課程そのものが様々な形で挑戦を受けていることも認識しておく必要がある。

　現代の教育課程が国語から特別活動まで各教科等によって構成されていることは周知の通りである。これら教科等によって構成される教育課程そのものが、変化の波に洗われていることも深く理解しておきたい。それぞれの教科等が個々に荒波に揉まれているとともに、それら教科等によって編成された教育課程そのものが時代の変化から挑戦を受けているのである。

　その意味で、教育課程をめぐる変化からの挑戦に対して、どのような体制を組み、いかなる"陣形"を整えるかについて関心を払っていくことが求められている。

　かつて、コアとなる教科を核にして各教科を位置付けてコアカリキュラムを出現させたこともあった。これからの時代を見すえた時、これをヒントに

コアカリキュラムとまではいかないまでにしても、学校として地域として重点とする教科等を置き、それを“拠点”にして各教科等の連携や横断をはかり、教育課程全体の活力を生み出すことも一案である。

　いずれにしても、学習指導要領に定められた教科等の構成であるにしても、その位置付けや関係の作り方などデザインの仕方や運用の工夫によって、変化への対応力のある教育課程の編成を求めたい。

現代的な課題に備える教科横断的な手法

　ところで、今日の教育課程に大きな脅威を与えているのが、「○○教育」といわれる現代的課題の存在である。

　その対応として教科等横断による指導を提起したのが、先の学習指導要領の基本的な方向性を示した2006（平成20）年の中央教育審議会「答申」である。そこには、各教科等の改善に先立って、教育課程全体の改善の方向として、改訂で充実すべき重要事項に続いて、教科等を横断して改善すべき事項について環境の変化の中で生じた課題として、次の七つをあげた。

①情報教育
②環境教育
③ものづくり
④キャリア教育
⑤食育
⑥安全教育
⑦心身の成長発達についての正しい理解

　その上で、「答申」は、これら現代的課題について、各教科等を生かし相互に関連付けて指導する重要性を指摘し、学校の教育活動全体での取組を求めた。すなわち、教科等を横断する指導の必要性について、「学校は、関連の深い特定の教科等を中心にしつつ教科等を横断して知識・技能を指導するとともに、これらを素材に子どもたちが考えたり、実践しようとするきっか

けを与えることが求められる」と述べた。

　このように、2008（平成 20）年の中教審答申の段階で、現代的課題に対して、どの教科等、あるいは関連する教科等の連携において対応すべきかを記し、そして、教科横断的な手法の必要性を書き込んでいたことを確認しておきたい。すなわち、教育課程への備えとして、教科横断的な手法の獲得と洗練が一つの方向であることを提起したのが、この答申であった。

　その上で、これら一連の発想や手立てをカリキュラム・マネジメントの一側面として位置付けたのが、このたびの教育課程企画特別部会「論点整理」（2015（平成 27）年 8 月 26 日）になる。

現代的な課題であるプログラミング教育

　一方、このたびの学習指導要領に向けて審議が進む中で小学校にプログラミング教育を導入する動きが浮上した。それは、コンピュータに意図して指示することができることを体験させながら、問題の解決に必要な手順の存在に気づかせ、論理的に物事を考えていく力を育てることとされ、いわゆる現代的課題の一つとしてとらえることができる。

　それはまた、ICT 環境への適応を目指し、機器への活用や習熟を中心とした情報教育から飛躍をはかった取組としてとらえることができる。すなわち、コンピュータが大きな影響力をもつ社会への理解を深め、よりよい人生を目指す観点から、コンピュータと自らの在り方とを探求する取組としてとらえることができる。

　このようなプログラミング教育に関わる議論をまとめたのが、小学校段階における論理的思考力や創造性、問題解決能力等の育成とプログラミング教育に関する有識者会議であった。同会議は、2016（平成 28）年 5 月より 3 回ほど開催され、「小学校段階におけるプログラミング教育の在り方」をまとめ、中央教育審議会などに議論を引き継いだ。その提言について、主な点をあげると次の通りである。

・小学校段階におけるプログラミング教育の目指すところは、「プログラミング的思考」を育成するところにある。プログラムを作る知識や技術の習得を目的とするのではないことを強調する。

・プログラミング教育によって育てる力は、これからの時代に共通して求められる力であって、この職種を目指す人々にとどまらず、すべての人々にとって必要とされる力の育成を目指す。

・プログラミング教育は、教育課程全体で取り組むものであって、教科の新設は行わない。既存の各教科等の内容をもとにして、各学校において指導計画を作成する。

・「プログラミング的思考」は、国語や算数等で育てられる論理的・創造的な思考力と関係する。

・各教科等の学びとプログラミング教育とのつながりや関係性について、これを分かりやすく示すことが期待される。

プログラミング教育とカリキュラム・マネジメント

このように、プログラミング教育は、カリキュラム・マネジメントの取組にあたって、一つの具体的な提起としてとらえることができる。このたびのプログラミング教育の提起は、教科等横断を視点とするカリキュラム・マネジメントの必要性をより浮かび上がらせるものであった。

現代的な課題であるプログラミング教育に取り組むにあたって、教科横断を視点とするカリキュラム・マネジメントという手法を用いて対応する。教育課程全体を見渡し、プログラミング教育に関係する課題や内容を取り出し、指導計画を作成し教育活動として展開をはかる。

ちなみに、教科横断を視点とするカリキュラム・マネジメントについて次のように述べられている。

「各教科等の教育内容を相互の関係で捉え、学校の教育目標を踏まえた教科等横断的な視点で、その目標の達成に必要な教育の内容を組織的に配列し

ていくこと」（中央教育審議会「答申」（2016（平成28）年12月21日）

　一方、プログラミング教育に関わる有識者会議の提言として、各教科等における取組をプログラミング教育に結び付ける視点や例を次のように示している。

　　算数：プログラミング的思考と数学的な思考の関係やよさに気付く。
　　理科：電気製品にはプログラムが活用され条件に応じて動作していることに気付く。
　　図画工作：表現しているものを動かす。
　　総合的な学習の時間：自分の暮らしとプログラミングとの関係を考える。
　　特別活動：クラブ活動などでプログラミングを体験する。

　これらの相互関係を整えて指導計画を作成し、諸条件の整備をはかりつつプログラミング教育を実施する。それは、教科横断を視点とするカリキュラム・マネジメントの実施でもあり、プログラミング教育から各教科等の教育内容を取り上げ組織するマネジメントの姿が、そこに記されている。

　なお、プログラミング教育について、「小学校学習指導要領　総則」において、プログラミングを体験しながら論理的思考力を身に付けるための学習活動を求めている。その上で、算数の第5学年の「図形」において、また、理科の第6学年の「物質・エネルギー」において取り上げることを例示的に示している。

改めて問われる単元への着目

　さて、ここまで述べてくると、各教科等の単元が改めて注目される。現代的な課題への対応が求められても、教育課程は満杯であり、これ以上は無理というのが教育現場の声といってよい。

　しかし、現代的な課題を単元で受け止めるとすると、とらえ方も少し変わってくるかもしれない。各教科等の単元でとらえてみると、現代的な課題に関わる内容がかなり備えられていることに気付くはずである。

　すでに、現代的な課題に対して相応の取組をしているにもかかわらず、各教科等の目標のもとに組織・配列された教科書を順に扱うことによって、とらえられなくなっているのかもしれない。

　しかし、各教科等を組み立てている単元をとらえてみれば、そこに現代的な課題が求める内容が備えられていることに気付くはずであり、そのことを通して現状の教育課程においても相応の対応がはかられているととらえられるはずである。

　ただ、それには、単元について理解を深めることと、単元で授業をとらえる思考と手法を持つことが求められる。

　改めて、単元が希薄になってしまった原因を探してみると、そこに教科書の存在がある。ある意味で、教科書が出来すぎているということである。単元の構成に工夫をこらさなくても教科書のページに従って順に教えていけば、ゴールにたどり着ける。しかも、それで授業の質も保てるならば、わざわざ単元を云々する必要もない。かくして単元への問題意識は衰退の道をたどったということである。

　その意味で、単元についての問い直しが改めて必要と述べておきたい。その検討が授業の展開をめぐって幅を広げるとともに、現代的な課題への対応力を高めることにつながっていくものと思われる。何よりも単元への着目が、教科横断を視点とするカリキュラム・マネジメントを確かなものにするのである。

　教科等横断ということは、各教科等の枠を越えた単元間相互のつながりであり、関連の読み取りということになる。まさに、それぞれの教科等において単元を整えるところから、そして、教科等の枠を越えて単元間をつなげていくことが、カリキュラム・マネジメントの第一歩ということになる。

3

カリキュラム・マネジメントと
アクティブ・ラーニング

学習者が能動的になること

　教育課程企画特別部会「論点整理」（2015（平成 27）年 8 月）には、次の一節がある。

　「予測できない未来に対応するためには、社会の変化に受け身で対処するのではなく、主体的に向き合って関わり合い、その過程を通して、一人一人が自らの可能性を最大限に発揮し、よりよい社会と幸福な人生を自ら創り出していくことが重要である」

　予測が難しい将来を生き抜くために人としての基本的な在り方を説いたのが、この一節である。それは、前向きの人生観、生き方の提唱としてとらえられる。

　人は、社会の変化が穏やかであろうと激しかろうと、様々な困難と出会いつつ、自らと向き合いつつ人生を築いていく。まして、予測しがたい変化が待ち受けているとするならば、一層の備えが構えが問われることになる。

　その大切なものに主体性がある。急速な変化に対して、主体的に向き合うしたたかで、しかも、しなやかな精神や姿勢を欠くならば、人生へのリスクを一層高めることになろう。

　このように変化の時代に生き、充実した人生を送るためにも、主体的に能動的に物事に向き合う前向きの人生観、生き方を大切にする、というのが「論点整理」の立場である。まさに、前向きに生きようとする姿、生き方にアクティブ・ラーニングの提起がある。

そのために、これまでの教育や授業の問題点を指摘するとともに、それを越える新たな価値を生み出す学びが求められると「論点整理」は次のように述べている。

まずは、「解き方があらかじめ定まった問題を効率的に解ける力を育むだけでは不十分である」と、これまでのやり方の限界を指摘する。

その上で、「これからの子供たちには、社会の加速度的な変化の中でも、社会的・職業的に自立した人間として、伝統や文化に立脚し、高い志と意欲を持って、蓄積された知識を礎としながら、膨大な情報から何が重要かを主体的に判断し、自ら問いを立ててその解決を目指し、他者と協働しながら新たな価値を生み出していくことが求められる」と、社会的・職業的に自立した人間像を強調し、児童生徒像の見直しや授業改善を迫っている。

これに加えて、求められる資質・能力の育成をはかる場としての学校の重要性を再確認するとともに、その在り方について、次のように述べている。

「学校の場においては、子供たち一人一人の可能性を伸ばし、新しい時代に求められる資質・能力を確実に育成していくことや、そのために求められる学校の在り方を不断に探究する文化を形成していくことが、より一層重要になる」と述べている。

このような主体的に向き合い関わり合い、能動的に物事に向き合い対処する精神や姿勢を培い、前向きの人生観、生き方の構築を目指すということは、能動的な学習者の育成をはかるアクティブ・ラーニングのねらうところと重なり合う。すなわち、変化に主体的に向き合う資質・能力の形成にアクティブ・ラーニングの提起したねらいがあったことを確認しておきたい。

ちなみに、学士課程教育の質的転換をめぐる方策を提起した中央教育審議会「新たな未来を築くための大学教育の質的転換に向けて－生涯学び続け、主体的に考える力を育成する力を育成する大学へ－」（答申）（2012（平成24）年8月）に収められた「用語集」には、アクティブ・ラーニングについて次のような説明がある。

○教員による一方的な講義形式の教育とは異なり、学修者の能動的な学修へ

の参加を取り入れた教授・学習法の総称。

○学修者が能動的に学修することによって、認知的、倫理的、社会的能力、教養、知識、経験を含めた汎用的能力の育成をはかる。

○発見学習、問題解決学習、体験学習、調査学習等が含まれるが、教室内でのグループ・ディスカッション、ディベート、グループ・ワーク等も有効なアクティブ・ラーニングの方法である。

　このように汎用的能力の育成を目指すためには、学びに向かう学習者の能動的な姿勢や行動を引き出すアクティブ・ラーニングの導入が欠かせないという。しかも、それは初等中等教育から高等教育に連なる課題であり、それぞれの発達段階や学校段階においてプログラムの構築と教育方法の質的転換が求められるというものである。

　高等教育段階の教育方法の改善として提起されたアクティブ・ラーニングである。それを義務教育段階における授業改善にも位置付け、初等教育から高等教育まで全体を通して能動的な学習者を育てる。各学校において、また、学級において、いかにしてアクティブ・ラーニングを成り立たせるか。この授業改善の求めにこのたびの改訂のねらいの一つがある。

カリキュラム・マネジメントとアクティブ・ラーニングは車の両輪

　そのアクティブ・ラーニングを柱にした授業改善に向けてカリキュラム・マネジメントがある。カリキュラム・マネジメントは、学校において、授業を成り立たせるための環境を整える営みとしてとらえることができる。

　教育内容を組み立て教育課程を編成し、教育活動を展開し、評価・改善をはかる。そこに経営資源を効果的に投入する。学習者や地域の実情を踏まえ、目標の実現を目指して教育課程を編成し、実施・評価して改善していくところにカリキュラム・マネジメントの基本形がある。

　アクティブ・ラーニングが、学習者の能動的な姿を求めて、これまでの授業の在り方を問い直すものであるならば、カリキュラム・マネジメントは、

学校の組織力を高め組織運営について改善を目指す営みということになる。まさに、この両者は、学校の総合的・計画的な教育計画である教育課程をふまえ、学校の授業と組織運営について見直しをはかるキー概念としてとらえることができる。

それぞれの地域や学校の実態をふまえ、アクティブ・ラーニングとカリキュラム・マネジメントを連動させる。この両輪を駆動させるマネジメントこそ、このたびの改訂が求める学校経営の基本的な方向ということになる。

アクティブ・ラーニングの成立には、カリキュラム・マネジメントによる環境の整備が欠かせない。また、教育課程と授業の往還を果たすカリキュラム・マネジメントの展開が、アクティブ・ラーニングへの道を拓く。まさに、アクティブ・ラーニングがカリキュラム・マネジメントを求め、カリキュラム・マネジメントがアクティブ・ラーニングを求めるのである。

アクティブ・ラーニングとカリキュラム・マネジメントによる学校づくり

では、アクティブ・ラーニングとカリキュラム・マネジメントを両輪とする学校づくりをどのように進めるか。両者を結ぶポイントを次に3点ほどあげておきたい。

第1に、教科等横断による授業の実現をあげておきたい。「論点整理」は、「各教科等の文脈の中で身に付けていく力と、教科等横断的に身に付けていく力とを相互に関連付けながら育成していく必要がある」と述べている。

各教科等の文脈に沿い、その枠の中でアクティブ・ラーニングを展開する。その一方、教科等の枠を取り払い教科等横断による取組もある。アクティブ・ラーニングには、教科等横断によるダイナミックな学習の展開を通して汎用的な能力の育成に迫る方略がセットされている。

その一方、カリキュラム・マネジメントは、各教科等の教育内容について相互の関係をとらえる教科等横断的な発想や手法を重視する。

　このアクティブ・ラーニングとカリキュラム・マネジメントが連携をはかることによって、教科等横断による授業の実現をめぐる環境が整うことになる。

　第2に、個々の授業改善に向けた取組を組織化することをあげておきたい。授業には、教材研究や指導技術の工夫など、教師それぞれの個人的な創意工夫が欠かせない。

　しかし、授業改善の努力が教師それぞれの個人的な取組に委ねられるものであるならば、学校としての授業改善も、そのレベルに留まらざるを得ないということになる。せっかくのアクティブ・ラーニング導入にしても、そのような環境ならば、効果も限定的ということになるかもしれない。

　学校の組織的な活動に授業改善まで持ち込めるかが問われなければならない。アクティブ・ラーニングの導入にしても、授業改善に向けた組織的な営みとして位置付けられることが大切である。

　個々人の授業改善に向けた努力はもちろん大切である。しかし、単元で授業をするにしても、年間指導計画の作成に工夫をこらすにしても、そして、教育課程の編成にしても、協働する組織力がものをいうのである。この教育課程の編成・実施・評価・改善を柱にした組織の営みそのものがカリキュラム・マネジメントであることをおさえておきたい。

　第3に、グランドデザインの構築をあげておきたい。アクティブ・ラーニングとカリキュラム・マネジメントを両輪とする学校づくりとはいうものの、この全体的な姿を描き、具体化に至るプロセスを明示することが大切である。それは、学校のマネジメントに関わる全体構想としてのグランドデザインの構築と提示ということになる。

　アクティブ・ラーニングを中心軸に、それを支える手立てとしてカリキュラム・マネジメントがある。改めて、アクティブ・ラーニングとカリキュラム・マネジメントを連動させた全体的な構想図が求められるところである。

第 2 章

学校を変える

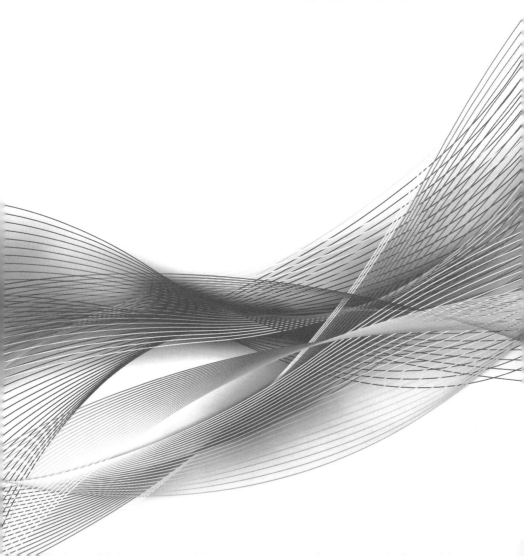

1

授業の振り返りを起点にした教育課程評価

　教師の専門性を成り立たせる中心的な柱が授業である。教師の授業へのこだわり、授業に対する職人的な気質。これらが、日本の公教育を支えてきた側面も見逃すことができない。授業の個業的な側面、すなわち、授業を教師の個人的な技の世界としてとらえることを大切にしていきたい。

　しかし、授業の協業的な側面、すなわち、チームとして練り上げ、組織として質の向上をはかる営みもまた大切にしていきたい。

　カリキュラム・マネジメントの提唱も、授業が個人的営みにとどまり、実践が分散する学校の現状に警鐘を鳴らし、授業の結合を通して学校の組織力向上をはかるねらいがある。

　ここでは、カリキュラム・マネジメントをめぐり、授業を振り返ることを起点にした教育課程評価、さらには、学校評価の在り方を探ることにしたい。

授業を振り返る―校内研修への着目

　それぞれの教室でなされる授業。心地よい緊張感が支配するなかで教師と子どもたちとのやり取りが続く授業。いろいろな授業が存在する。それだけ、授業後の教師の姿も様々である。「今日の授業は、一方的にしゃべりすぎた」「今ひとつ子どもがその気にならなかった」など、授業後、様々な思いを持ちながら振り返る。そんな教師も少なくない。その意味で、授業の省察は、教師にとって欠かせぬ資質能力といってよい。

　しかし、授業を省察するといっても、それが個人のウチにとどまり、個人

差が存在することも否定できない。この現状をふまえ、組織として授業を振り返ることを通して授業の質の維持・向上をはかることが今日の学校にとって学校経営上の課題となっている。

この点に関連して、現実の営みをみると、小学校の場合、学年チームにその一端をとらえることができる。学年経営の柱の一つは進度の調整であり、授業に関わる教材研究、情報交換などである。そのなかにあって、授業の振り返りなどを行っている姿をとらえることもできる。

その一方、校内研修は、ある意味、授業を互いに省察する機会であり、場であるといってもよい。少なくとも、年1回は互いに授業を見せ合う慣行を確立し、実施を重ねている学校も少なくない。

教育課程部会がまとめた「次期学習指導要領等に向けたこれまでの審議のまとめ」（2016（平成28）年8月26日）（以下、「審議のまとめ」）は、授業改善に向けてなされる様々な研究をはじめ校内研修が、海外からも評価され、高い関心が寄せられていることを挙げている。そのうえで、校内研修としてなされているいわゆる授業研究について、次のような一節がある。

「各学校における教員の学び合いを基調とする『授業研究』は、我が国において独自に発展した教員研修の仕組みであるが、近年『レッスン・スタディ』として国際的な広がりを見せている」

授業を参観し、授業を振り返ることを通して授業の改善と授業力のアップを校内あげて組織的に行う。これを適切に運用している学校もあれば、様々な事情のもとに形骸化させている学校もある。

しかし、個々人による授業の振り返りから、学年チームなどによる、さらには、校内研修での授業研究に至るまで、これら営みが、相互に関係性を有しながら、全体として機能を保持しているかといえば、それぞれが相互に関連性を欠いたまま、個別に存在しているのが多くの現実の実態である。

このあたりのところが、うまく交通整理されていないところに今日の学校の課題がある。

カリキュラム・マネジメントの提唱は、この交通整理をはかり、授業を振

り返る営みにより、教育課程評価から学校評価に至る道筋を整え、実効性あるものとし、授業の改善をはかり、学校の教育力の向上を目指すねらいがある。

　先にあげた、「審議のまとめ」は、校内における授業研究について、その課題を次のように指摘する。

　　・単元や題材のまとまりを見通した指導の在り方や、教科等横断的な視点から内容や教材の改善をはかっていく視点が弱い。

　　・教科担任制となる中学校・高等学校となるにつれ、教科等の枠を越えて教育課程全体を見渡した視点で校内研修を行うことが少なくなる。

　このように現状の課題を指摘するとともに、次のような改善のための方向性や手立てを提起している。

　「教科等の枠を越えた校内の研修体制の一層の充実を図り、学校教育目標や育成を目指す資質・能力を軸に、『何のために』『どのような改善をしようとしているのか』を教員間で共有しながら、学校組織全体としての指導力の向上を図っていけるようにすることが重要である」

　ここには、カリキュラム・マネジメントの進め方について、その一端が記されている。カリキュラム・マネジメントをどのように進めていくのかよくわからない、という学校関係者にとっては、この一節は、大いにヒントになると思われる。すなわち、この一節は、このように進めたらいかがかという、カリキュラム・マネジメントへの誘いが含まれている。この一節を学校の実情にそって、読み取っていくのも一つの読み方といえよう。

教育課程評価と学校評価

　この授業を振り返ることについて、組織としての営みとして突き詰めていくと、そこに教育課程評価や学校評価が待ち受けている。それぞれの教師による授業の振り返りは、教育課程評価や学校評価という組織への営みにつながる。その意味で授業の振り返りは、学校評価から学校改善に至る第一歩と

いうことになる。

その教育課程評価と学校評価に関わる課題として、まず、教育課程評価について、学習指導要領解説書が解説してきた経過を辿ってみた。

1998（平成 10）年に告示された学習指導要領の解説書である「小学校学習指導要領解説　総則編」（1999（平成 11）年 5 月）は、全教職員が一致協力して教育課程の編成と評価に当たることの重要性を述べるとともに、教育課程評価のポイントを次のように挙げている。

・教育課程が目標を効果的に実現する働きをしているか改善を図る必要があるかを、適切に評価することが必要である。

・教育課程評価の対象は、教育課程の編成から各教科、道徳、特別活動及び総合的な学習の時間における指導計画、指導方法など教育課程のすべてに及ぶ。

・教育課程の編成、実施にあたり学校の創意工夫についても評価の対象とする。

・教育課程評価は、教育課程の編成、実施及び成果についての観点をあらかじめ定めて、組織的・計画的に行わなければならない。

このように、目指すは全教職員が一致協力して教育課程の編成と評価に当たる学校づくりにある。そのマネジメントの一環として教育課程評価が位置する。その要点を提示したのが本解説書である。

一方、教育課程の編成・評価が新たな事態を迎えることとなり、その対応をはかったのが、次の解説書であった。それは、一言でいうならば、学校評価との関係の整序ということになる。

2008（平成 20）年に告示された学習指導要領の解説である「小学校学習指導要領解説　総則編」（平成 20 年 8 月）は、「学校評価ガイドライン（改訂）」（2008（平成 20）年 1 月）の作成を背景に、教育課程の評価との関係で、学校評価に言及している。

そこで、「学校評価ガイドライン（改訂）」を見ると、そこには、評価項目・指標などについて検討する際の視点となる例が示されていた。教育課程

の編成・評価に関連して、「教育課程・学習指導」として、"各教科等の授業の状況"及び"教育課程等の状況"の二つに分けて示されていた。

　まず、"各教科等の授業の状況"については、次の通りである。

・説明、板書、発問など、各教員の授業の実施方法

・個別指導やグループ別指導、習熟度に応じた指導、児童生徒の興味・関心等に応じた課題学習、補充的な学習や発展的な学習などの個に応じた指導の方法等の状況（他略）

　続いて、"教育課程等の状況"については、次の通りである。

・学校の教育課程の編成・実施の考え方についての教職員間の共通理解の状況

・必要な教科等の指導体制の整備、授業時数の配当の状況

・教育課程の編成・実施の管理の状況（例：教育課程の実施に必要な、各教科等ごと等の年間の指導計画や週案などが適切に作成されているかどうか）（他略）

　このように、「教育課程・学習指導」とあるように、授業に関わる評価項目と教育課程に関わる評価項目とを区分けして、それぞれを示していることにまずは注目したい。

　教育課程評価と授業に関わる評価とが、学校の組織や運営のなかで、あるいは、教職員の意識のなかで、別々に位置付けられ分離してはいないか。

　このような場合、教育課程のPDCAサイクルといっても、授業を評価するサイクルと教育課程を評価するサイクルとが、それぞれ不完全な形で存在していることになる。別の言い方をするならば、教育課程の評価は教育課程の評価として、授業の評価は授業の評価として、それぞれが適切なつながりを欠いて動いていることになる。あるいは、教育課程の評価は管理職やミドル層の教職員が担い、授業の評価はその他の教職員が担うといった役割分担が組織のなかで進行していることであるかもしれない。

　このように、「学校評価ガイドライン」において、教育課程と学習指導とを一つの枠に示したことは、教育課程評価と授業に関わる評価との位置付け

を相互関連のあるものとしてとらえ、そのもとに教育課程評価の構築と実施を求めたものとして示唆深い。

　一方、教育課程評価と学校評価の関係を整え、新たな組み立てを課題として提起したことにも注目したい。

　学校評価の中心に位置するのが教育課程評価である。この両者の評価が適切になされることによって、学校改善への取組もより確かなものになる。

　しかし、教育課程評価と学校評価とが十分に整序されないことよって、それぞれの機能を減殺させているところはないか。あるいは、予期せぬ副次的な状況が生まれていないか。

　このように、「学校評価ガイドライン」の提示は、教育課程評価と学校評価との整序を経営上の課題として学校に迫り、さらに、次の改訂に引き継がれることなった。

　カリキュラム・マネジメントの提起は、このような経過を辿ってきた教育課程の編成・実施について見直しをはかり、授業の省察から学校評価、さらに、学校改善に至る道筋を、学校や地域の実状に応じて、組み立てをはかる求めとしてとらえることができる。

　授業への省察を一つの軸にして、個々の営みの関連を見据え、教育課程評価から学校評価へとつなげ、さらに学校評価から学校改善へと一連の道筋を、無理や無駄、あるいは、無用な重複を排除し、全体としての整序を通して、組み立てることが問われている。

2
教育課程の編成・実施・評価・改善としての
カリキュラム・マネジメント

「単元に朱を入れる」ことと PDCA サイクルの確立

(1) PDCA サイクルの確立ということ

　教育課程を核にした PDCA サイクルについて、まず、編成・実施は、学校教育目標→教育課程の編成→各教科等の年間指導計画→授業の指導案の作成→授業の展開、ということになる。そして、評価・改善は、授業の評価→教育課程の評価→学校評価→改善への取組→次期の目標・計画の作成、ということになる。

　このうち、授業の展開から授業の振り返りを経て教育課程の評価に至る過程が、組織として整えられ確保されている学校と、多くを授業者個人に委ねている学校とが存在し、後者が多くを占めるところとなっている。

　すなわち、指導案の作成から授業の展開までの道筋は確保されているものの、次のステップとして授業を振り返るとか、授業を評価することについては、その多くが省かれ、教員それぞれに委ねられた状況にある。まさに、授業の評価から単元の評価・改善へ、そして、指導計画の評価・改善へとステップを踏んでいくことは、そのシステムの維持を含め困難さを抱えているのが実際のところである。

　このように、教育課程を核にした PDCA サイクルの確立といっても、それぞれの営みの相互の関係が離齟をきたしたり、どこかが切れていたり、一筋縄ではいかないところが見えてくる。

　その意味で、授業の振り返りをはかることを学校の組織運営の一環とし

て、時間や場を確保することが、学校のマネジメントの課題として重視されてよい。改めて、カリキュラム・マネジメントが提起される背景には、このような現状の改善があることを確認しておきたい。

(2)「単元に朱を入れる」

ところで、教育現場には、「単元に朱を入れる」という言葉がある。学校の現状からして、すでに死語になりつつあるかもしれない。しかし、その営み及び意味するところは、カリキュラム・マネジメントの提起と重なり合うところが多分にあり、その意義付け直しが問われている。

授業を行った学級担任や教科担任が互いに自らの授業を語り合う。その際、各教科等の年間指導計画がそこにあれば、その話し合いの経過や結果を加筆し修正をはかっていく。話したことを記し、記録として残し必要ならば修正をはかっていく。まさに指導計画への加筆修正は、教育現場が蓄積をはかってきた営みということになる。

そのなかにあって、それぞれの学校の事情によるものの、月ごと、学期ごと、年度ごとに「単元に朱を入れる」営みの確保は、PDCAサイクルの確立、カリキュラム・マネジメントの趣旨と重なり合う。

しかし、授業の振り返りの一環として「単元に朱を入れる」営みが、いかに学校の現状からして困難な状況にあるかということもおさえておきたい。

学校にとって最優先事項の一つが授業時間の確保にある。実際に、授業が一日の時間の多くを占めていることは、改めて言うまでもない。教職員の一日の勤務時間の多くが授業に充てられていることも周知の通りである。

しかし、教材研究など授業準備のための時間となると、勤務時間のソトに置かれる傾向にあることが、教員に対する調査などから明らかにされている。まして、授業を振り返るということになると、個人としても組織としても、その時間の確保そのものが不明瞭であり、把握しにくい状況にある。

あるいは、授業の組織的な振り返りの確保を試みるものの、教職員の賛意が得られずに頓挫する話や、いざ導入しても長続きしない話を耳にすること

もある。積極的であった校長のもとでなされた取組は、転任を機に見直されることも少なくないようである。

かくして授業の振り返りは、学級担任や教科担任など授業者それぞれの個人的な裁量のなかに位置付けられ、学校としての教育課程のPDCAサイクルと、授業者自身のPDCAサイクルとが、それぞれ不完全な形をもって、二元的に扱われているのが多くの学校の現状となっている。

PDCAサイクルの確立としてのカリキュラム・マネジメントの提起は、このような学校の現状を見つめ直すことにあり、授業の組織的な振り返りを位置付けるにあたりヒト・モノ・カネ・時間・情報などの経営資源投入の見直しを企図している。

いずれにしても、教育課程の編成・実施・評価・改善について、そのサイクルの確立にあたり、授業の振り返りを学校評価にまでつなげていく営みとして位置付けていくことが目指すところである。

すなわち、授業の振り返りをもとに「単元に朱を入れる」営みを、年間指導計画の評価、年間指導計画をもとにした教育課程評価、教育課程評価をもとにした学校評価への過程に位置付け実質化をはかることが、PDCAサイクルの確立を目指すカリキュラム・マネジメントということになる。

（3）授業を振り返る場を学年会に求める

そこで、授業の振り返りをめぐり、２点述べておきたい。

①単元・題材による授業の蓄積

まずは、校内研修などを通して、授業を単元・題材によってとらえる見方や考え方の共通理解をはかり、授業をめぐるノウハウの蓄積をはかっていくこと。

１時間の授業を組み立て進めていくことに多くのエネルギーを注ぎ込む授業者は少なくない。１時間１時間の授業を成り立たせ、それを積み上げていくことの大切さは、改めて言うまでもない。

しかし、内容や時間について、１時間の授業を越えて、つながりや見通し

を持つことも欠かせない。改訂された「小学校学習指導要領　総則」には、「単元や題材など内容や時間のまとまりを見通しながら、児童の主体的・対話的で深い学びの実現に向けた授業改善を行うこと」とある。また、「小学校学習指導要領解説　総則編」（平成29年6月）には、「主体的・対話的で深い学びの実現に向けた授業改善を考えることは単元や題材など内容や時間のまとまりをどのように構成するかというデザインを考えることに他ならない」とある。

　これらは、全体として見通しやまとまりをもった授業の求めであり、効果的な単元や題材の開発を問いかけている。

　その意味で、校内研修にしても、“本時を中心とした授業”の検討から、“単元・題材による授業”の開発へとシフトさせ、単元・題材による授業に関わるノウハウの蓄積が大切ということになる。

　いずれにしても、このように単元・題材に着目するのも、それらが授業と教育課程とを結ぶ役割を果たしているからである。

　先に述べたように、指導案の作成と授業というサイクルと、教育課程の編成・実施・評価・改善のサイクルが、適切な結びつきを欠いて、それぞれが二元的に扱われている学校もみられる。この点の改善として、授業と教育課程とを結ぶ単元・題材への着目が、新たな方向を拓くことになる。

②学年会に授業を振り返る場を求める

　その一方、学年会において授業を振り返る機能を復活させることをあげておきたい。学年主任によって、また、学年を構成する学級担任や教科担任などのメンバー構成によって異なった姿を見せてはきたものの、学年会が授業をチームとして省察する場と機能を担保してきた。

　しかし、学年会を取り巻く環境の変化によって、その様相を変化させている。すなわち、学年会を失う学校が目立つようになってきた。学校規模の縮小によって、1学年1学級が生まれ、学年会を組織する必然性が失われたととらえる教職員が出現している。まして、すべての学年が1学級となる単級学校となるとなおさらである。低・中・高学年ブロックなどを設け、学年会

の実質的な機能を確保しようとする学校もみられるものの、学年会の存在感の低下は免れられない。

　また、学校の多忙化による学年会の開催頻度や時間を縮減する動きである。それまで、毎週開いていたものを隔週ごとに、隔週開催であったものを月に1回の開催にといった具合に。あるいは、1回の開催時間を従来の半分に短縮という動きも。学校として正規に会議の時間短縮をはかる場合もあれば、各種の学校行事などの割り込みをはじめ諸々の校務分掌への対応によって、実際の時間確保がそのようなことになっていることも少なくない。さらには、休み時間や放課後など職員室において顔を合わせる短時間の打ち合わせをもって代替させるというケースもみられる。

　しかし、授業の進度に関わる調整、授業に関わる情報交換、さらには、授業の準備や振り返り、時には、指導案の検討など、学年会が維持してきた授業に関わる諸機能は、むしろ今日においても確保が求められており、そのためのマネジメントが問われる。

　その意味で、PDCAサイクルの確立の一環として、授業を振り返る場をはじめ、授業に関わる諸機能の維持を学年会に求め、その向上をはかるカリキュラム・マネジメントが求められていることを確認しておきたい。

3

新学習指導要領のもとでの学習評価

　このたびの学習指導要領改訂では、育成すべき資質・能力として、①知識及び技能、②思考力、判断力、表現力等、③学びに向かう力、人間性等の三つの柱をあげ、それらを偏りなく育てることを目指すとした。

　これをふまえ、2019（平成31）年1月、中央教育審議会初等中等教育分科会教育課程部会は、新学習指導要領のもとでの学習評価について、その方向性などを取りまとめた。

　このまとめられた「児童生徒の学習評価の在り方について（報告）」（以下、「報告」）を取り上げ、新学習指導要領のもとでの学習評価について、その意義と課題を述べることにしたい。

教育課程や学習・指導方法と学習評価の改善の一貫性をもつ

　まずは、このたびの学習指導要領改訂の審議過程において、学習評価の扱いが従来とは異なっていたことに触れておきたい。

　これまでの学習評価をめぐる検討の仕方は、新しい学習指導要領が明らかになった後に始めるというものであった。新学習指導要領の告示を待って学習評価を見直すためのワーキンググループが組織されるというのが、これまでのやり方であった。

　これに対して、このたびは、当初から、学習指導要領改訂の検討とともに、学習評価も一体的に扱うとして検討の中に位置付けられた。

　この点について、学習指導要領改訂の基本的な方向性をまとめた中央教育審議会「幼稚園、小学校、中学校、高等学校及び特別支援学校の学習指導要

領等の改善及び必要な方策等について（答申）」（2016（平成28）年12月21日）は、次のように述べている。

「今般、中央教育審議会においては、…学習評価について学習指導要領の改訂を終えた後に検討するのではなく、本答申において、学習指導要領等の在り方と一体として考え方をまとめることとした」

ここにあるのは学習評価を教育課程や学習・指導方法の改善とともに一貫性をもたせて検討するという考え方である。そこには、これまでの教育課程は教育課程として、学習・指導方法は学習・指導方法として、そして、学習評価は学習評価として、それぞれを切り離して個別に検討してきたことへの見直しがある。

このような教育課程と学習・指導方法、学習評価とを一貫性をもって一体的に改善をはかるという問題意識の基盤となったのが、資質・能力の育成ということであった。

育てるべき資質・能力を明確にして教育目標の設定をはかり、教育課程を編成し、そして、授業の準備から学習評価まで一連の取組を一貫して一体的にとらえて改善をはかる。まずは、このたびの学習指導要領の見直しを進めた新たなアプローチとして、学習評価を軸にした一連の過程を押さえておきたい。

なお、「答申」が示した基本的な方策の一つとして、「学びの地図」のもとの学習指導要領の構造や枠組みの見直しがある。その趣旨として、学習や指導の全体像をあらかじめ学習者に提示するという考え方が、次のように記されている。

「学習指導要領等には、…子供たちが身に付ける資質・能力や学ぶ内容など、学校教育における学習の全体像を分かりやすく見渡せる『学びの地図』としての役割を果たしていくことが期待されている」

これを受けて「報告」は、評価の方針等について児童生徒との共有をあげ、あらかじめ学習の見通しをもたせる立場から、学習の計画や評価の方針を事前に明示することの大切さを次のように述べている。

　「どのような方針によって評価を行うのかを事前に示し、共有しておくことは、評価の妥当性・信頼性を高めるとともに、児童生徒に各教科等において身に付けるべき資質・能力の具体的なイメージをもたせる観点からも不可欠であるとともに児童生徒に自らの学習の見通しをもたせ自己の学習の調整を図るきっかけとなることも期待される」

　教育課程の編成・実施から評価に至る一連の過程における学習評価の位置付けの見直しから生まれた一つの提起としてとらえておきたい。

評価の観点の見直し
学習指導要領の構造を見直したことを受けて

　さて、教育課程部会のもとに設けられた児童生徒の学習評価に関するワーキンググループは、2017（平成29）年10月16日、第1回会議を開催した。その後、12回ほど会議を開いて「報告」をまとめた。

　それは、「答申」に示された基本的な方針を前提に専門的な見地から、次の点をポイントにして検討を加えてまとめたとしている。

　　・児童生徒の学習改善につながるものにしていくこと
　　・教師の指導改善につながるものにしていくこと
　　・これまでの慣行として行われてきたことでも必要性・妥当性が認められないものは見直していくこと

「報告」に示された観点別学習状況の評価の観点について、これまでの4観点を3観点とした。すなわち、これまでの「知識・理解」「技能」「関心・意欲・態度」「思考・判断・表現」の4観点から、「知識・技能」「思考・判断・表現」「主体的に学習に取り組む態度」の3観点とした。

　それは、学校教育法第30条第2項に規定した学力の3要素、すなわち、基礎的な知識及び技能、思考力・判断力・表現力などの能力、主体的に学習に取り組む態度、と重ね合わせたことになる。

　また、このたびの学習指導要領改訂のポイントとなる学力の三つの柱、す

なわち、「知識及び技能」「思考力、判断力、表現力等」「主体的に学習に向かう力、人間性等」などに観点別評価を対応させた。すなわち、改訂では、資質・能力の三つの柱のもとに全校種の学習指導要領の構造を見直しており、その一環として学習評価の観点についても再整理をはかったということである。

　一方、「知識・技能」及び「思考・判断・表現」の評価について、「報告」は、各教科等の特質に応じた評価方法の工夫改善を進めることの重要性を指摘し、ペーパーテストの工夫改善をはじめ、ポートフォリオの活用など多様な評価方法の導入を求めている。

　さらに、「主体的に学習に取り組む態度」の評価について、「報告」は多くのページをあてている。

　まず、「報告」は、「答申」の指摘、すなわち、「主体的に学習に取り組む態度」について、観点別評価を通じて見取ることができる部分とともに、観点別評価や評定にはなじまず個人内評価を通じて見取る部分があることを確認している。

　そのうえで、「主体的に学習に取り組む態度」の評価の基本的な考え方として、「学習に関する自己調整」に着目して、その重要性を指摘している。すなわち、「答申」に置いて取り上げられた、自ら学習の目標をもち、進め方を見直しながら学習を進め、その過程を評価して新たな学習につなげていく「学習に関する自己調整」について、「報告」でも重視するよう次のように述べている。

　「自己の感情や行動を統制する能力、自らの思考の過程等を客観的に捉える力（いわゆるメタ認知）など、学習に関する自己調整にかかわるスキルなどが重視されていることにも留意する必要がある」

　そして、その評価にあたっては、意思的な側面への着目の大切さを次のように指摘する。

　「知識及び技能を獲得したり、思考力、判断力、表現力等を身に付けたりするために、自らの学習状況を把握し、学習の進め方について試行錯誤する

など自らの学習を調整しながら、学ぼうとしているかどうかという意思的な側面を評価することが重要である」と。

さらに、「主体的に学習に取り組む態度」については、次のように二つの側面の評価が求められる。

・知識及び技能を獲得したり、思考力、判断力、表現力等を身に付けたりすることに向けた粘り強い取組を行おうとする側面
・粘り強い取組を行う中で、自らの学習を調整しようとする側面

という二つの側面を評価することが求められる。

しかも、これらは学習改善に向かって自らの学習を調整しようとしているかを含めて評価する必要があるという。

このように、学習改善を目指す授業改善に向けて、「主体的に学習に取り組む態度」という観点を中心に学習評価の在り方を問いかけたところに、このたびの学習指導要領改訂にともなう学習評価の改善のポイントがある。

なお、「報告」は、「『主体的・対話的で深い学び』の視点からの授業改善を図る中で、適切に評価できるようにしていくことが重要である」と述べている。まさに、「主体的・対話的で深い学び」を支えるのがこの「主体的に学習に取り組む態度」を観点とする学習評価であり、その取組の積み上げが課題ということになる。

高等学校における授業改善を促す観点別評価導入

ところで、このたびの学習指導要領改訂が目指すところの一つに高校教育の改革があり、その一環として、観点別学習状況評価の導入による授業改善がある。

高等学校における観点別学習状況の評価については、すでに取り組まれてはいるものの、限られた範囲というのが実態である。文部科学省の 2017（平成 29）年度の委託調査「学習指導と学習評価に対する意識調査」によれば、高等学校において指導要録に観点別学習状況の評価を記録している割合は

13.3％にとどまっている。

　「報告」は、このような状況をふまえ、高等学校における観点別学習状況の評価の改善をはかるとした。すなわち、「高等学校及び特別支援学校高等部の指導要録に記載する事項等」において、観点別学習状況の評価についての説明の充実をはかるとともに指導要録の参考様式に記載欄を設けるとした。

　この点について、日本教育新聞は、「今後、高校教員の授業設計の能力が問われることになる」と述べ、「高校教員が、観点別の評価基準に基づく授業づくりができるかが課題となる」と、学習評価への取組から高校教師の授業力について言及している（2019（平成31）年1月28日付）。

　一方、「報告」は、学習評価の高等学校入学者選抜・大学入学者選抜での利用について、そして、高校入試について言及している。高校教育改革の一環として打ち出されたものとして今後の取組が注目される。

　「報告」は、次のように、高校入試が中学校における学習評価や学習活動に大きな影響を与えているとの認識を示して改善を求めている。すなわち、「中学校における学びの成果を高等学校につなぐものであるとの認識に立ち、知識の理解の質を重視し、資質・能力を育んでいく新しい学習指導要領の趣旨を踏まえた改善を図ること」と「答申」を引用し、入学者選抜の質的改善をはかるとして、入学者選抜の方針、調査書の利用方法、学力検査の内容などの見直しを求めている。

　なお、「評定」について、廃止という記事が一部マスコミより流された。これに対して、「報告」は、評定も含め指導要録の内容について、ほぼ現行通りとした。「報告」は、「評定を引き続き指導要録上に位置付けることとした上で、…観点別学習状況の評価と評定の双方の本来の役割が発揮されるようにする」と述べ、指導要録の様式の工夫・改善をはかっていくとした。

働き方改革と学習評価の見直し

　一方、働き方改革を受けて、学習評価にかかる負担軽減も打ち出されている。その一つに、指導要録の指導に関する記録の大幅な簡素化がある。「総合所見及び指導上参考となる諸事項」について、要点を箇条書きするなど、必要最小限のものにとどめるとした。

　また、小学校外国語の記録については、小学校3・4年生で始まる外国語活動では、記述欄を簡素化した上で、評価の観点に沿って、児童の学習状況に顕著な事項がある場合などにその特徴を記載することとした。

　さらに、記入作業の軽減を目的に、通知表が指導要録の「指導に関する記録」の記載事項を満たしている場合、代替可能とした。すなわち、「域内の各学校において、指導要録の『指導に関する記録』に記載する事項を全て満たす通知表を作成するような場合」には、指導要録と通知表の様式を共通化し、通知表で指導要録を代替できるようにするとした。

　関連して、「報告」は、働き方改革の観点から、「調査書の作成のために中学校の教職員に過重な負担がかかったり、生徒の主体的な学習活動に悪影響を及ぼしたりすることのないよう、高等学校入学者選抜のために必要な情報の整理や市町村教育委員会及び中学校等との情報共有・連携を図ることが重要である」と述べている。

　また、調査書作成に関連して、スポーツクラブ、習い事など学校外での学習成果は、学校における評価の対象となるものではなく、「必ずしも教師が把握することが求められるものではなく」、本人の申告、書類提出などを通じて確認するとしている。

学習評価とカリキュラム・マネジメント

　いずれにしても、働き方改革の目指すところに、授業者をして授業を楽し

む自らを取り戻すことがあげられる。

　授業者には、授業に対して満たされない自らがいたとしたならば、しかも、その要因が、少なからず学習評価への関わりがあったとしたならば、これまで慣行としてなされてきたことへの見直しが問われることになる。

　1時間の授業において、評価基準を細目にわたって設定し、しかも、全ての観点を評価するとらわれから脱出したい。一つの単元にしても、全ての観点を評価することからフリーであってよい、という考え方を大切にしたい。達成度を評価する観点と尺度からなる一覧表としてのルーブリックについても、いかに緻密で精巧な作表であったとしても、授業に活用できるものであってはじめて道が開けるというものである。このように、学習評価に向かうおおらかさ、精神の寛容さを大切に、学習評価の見直しを進めたい。

　もっとも、それには授業をめぐる学校の組織文化の形成をはじめとする環境づくりが欠かせない。それぞれの学校において学習評価改善の現実的な取組が期待される。パフォーマンス評価にしても、基準と規準にしても、ルーブリックにしても、ポートフォリオ評価にしても、これら用語や実際の手法についても、それぞれの学校において教職員の間で共通理解がどこまで進んでいるか、どのレベルにあるのかが問われなければならない。

　その意味で、それぞれの学校におけるカリキュラム・マネジメントの一環としての指導と評価の在り方が問われることになる。「報告」は、学習指導と学習評価こそ学校の教育活動の根幹であって、教育課程に基づいて組織的かつ計画的に教育活動の質の向上をはかるカリキュラム・マネジメントの中核的な役割を担っている、と述べている。この点を踏まえ、学習評価を教育課程及び授業改善の一連のサイクルとしてのカリキュラム・マネジメントに位置付け、その改善のための環境づくりが期待される。

［初出］
・天笠　茂「新学習指導要領のもとでの学習評価」『教育展望』2019年3月号、教育調査研究所、pp.4-10

4

カリキュラム・マネジメントの中核は
「学習指導」と「学習評価」にあり

学習評価とカリキュラム・マネジメント

　このたびの改訂においては、学習指導要領の在り方と学習評価とを一体的に審議するとした。その結果、学習評価を授業改善とともに組織運営など学校改善につなげていく視点が生まれたことに注目したい。

　学習評価を学校改善につなぐためにカリキュラム・マネジメントを確立する。その核に学習評価を位置付ける。まさに、授業改善から学校改善へと発展・展開をはかる学習評価として、カリキュラム・マネジメントとの互いの関係を明確にすることを求めたのが、このたびの改訂ということになる。

　「答申」は、学校評価に関わる取組をカリキュラム・マネジメントに位置付けることの必要性を次のように述べている。

　「学習評価については、子供の学びの評価にとどまらず、『カリキュラム・マネジメント』の中で、教育課程や学習・指導方法の評価と結び付け、子供たちの学びに関わる学習評価の改善を、更に教育課程や学習・指導の改善に発展・展開させ、授業改善及び組織運営の改善に向けた学校教育全体のサイクルに位置付けていくことが必要である」

学習評価に関するワーキンググループ

　先述のように、2018（平成30）年4月、教育課程部会の下に児童生徒の学習評価に関するワーキンググループが設置され、それをもとにまとめられ

157

た「児童生徒の学習評価の在り方について（報告）」（以下、「報告」）は、そのなかに、カリキュラム・マネジメントの一環としての指導と評価について、以下のように述べている。

　まずは、各学校は、学習指導要領等に従い教育課程のもとで作成された各種指導計画に基づいて授業（「学習指導」）を展開しており、そのもとに児童生徒の学習状況の評価を行っている。そのうえで、学習評価の結果を、指導や教育課程の改善、さらには、組織運営等の改善に生かし、学校として組織的かつ計画的に教育活動が進められている、と述べている。

　その上で、これら指導と評価が学校の教育活動の根幹をなし、カリキュラム・マネジメントの核となることを次のように述べている。

　「このように、『学習指導』と『学習評価』は学校の教育活動の根幹であり、教育課程に基づいて組織的かつ計画的に教育活動の質の向上を図る『カリキュラム・マネジメント』の中核的な役割を担っている」

　授業が学校の教育活動の根幹であることは、多くの人の認めるところと思われる。その上で、「報告」は、カリキュラム・マネジメントの核となるものが「学習指導」であり「学習評価」であることを強調している。

　カリキュラム・マネジメント、すなわち、教育課程の編成・実施・評価・改善というサイクルと、「学習指導」と「学習評価」との関係を明らかにし、その実質を確保することが、このたびの学習指導要領改訂の目指すところということになる。

学習の指導の改善に生かしていくサイクル

　ところで、ワーキンググループのまとめた「答申」には、主体的・対話的で深い学びの視点からの授業改善と評価について、次のようにある。

　「指導と評価の一体化を図るためには、児童生徒一人一人の学習の成立を促すための評価という視点を一層重視することによって、教師が自らの指導のねらいに応じて授業の中での児童生徒の学びを振り返り学習や指導の改善

に生かしていくというサイクルが大切である」

　この指摘をふまえるならば、学習や指導の改善に生かしていくサイクル
と、カリキュラム・マネジメントのサイクルとの接点をどのように見出して
いくかが課題ということになる。

　というのも、この授業における計画・実施・評価・改善のサイクルと、教
育課程の編成・実施・評価・改善のサイクルとが、互いの脈絡に欠けるなか
で、二元的に存在させている学校が少なからず存在しているからである。

　授業者は、プランを練るなど準備を重ねて授業に臨む。実際に授業をして
みると、計画した通りに進む場合もあれば、予想もしなかったことが待ち受
けているということもある。成功もあれば失敗することもある。その原因を
分析するなど授業を振り返ることは、範囲や程度の差はあるにしても、授業
者であれば誰もが行っており、その意味において、それぞれの授業者が
PDCAサイクルをもっているといってよい。

　ただ、それが個人的な営みであるのか、それとも、組織としてとか協働と
いう要素を加味したものであるのかによって、授業改善のスタイルや質も異
なったものとなっていることも考えられる。

　カリキュラム・マネジメントの提唱は、この授業の計画・実施・評価・改
善を個人的な営みにとどめることなく、多くの関わりのなかで多様な関係性
を含み込んだなかで、一連のサイクルを機能させていくことを目指すもので
あり、そのためのシステムや環境の整備を求めたものである。

(1)「単元による学習指導」と「単元による学習評価」

　授業者それぞれの授業を振り返る営みが、全体の授業の質的改善に連なる
学校もあれば、そこまで到達できない学校もある。あるいは、同じように月
ごとに校内研修を実施し、授業についても互いに参観する体制を整え、学年
会も授業についての話し合いを必ず設けるようにしていても、成果の共有ま
で至らない学校も存在する。複雑な要因が絡むなかで、その分析をはかる学
校評価に改善すべき課題を抱えているケースもみられる。

　改めて、授業を核にした相互のつながりをはじめ協働の在り方が、また、目標の設定や共有をめぐるマネジメントやリーダーシップの在り方とともに問われるところである。何よりも、そのような学校は、授業のサイクルと教育課程のサイクルが、それぞれ接点をもつことなく、二元的に回っているものとみられる。授業は授業として計画から評価・改善まで回り、教育課程は教育課程としてPDCAサイクルとして回っているということである。

　一体、授業改善のサイクルが、どのように教育課程のサイクルにつながっているのか。あるいは、その逆に、教育課程から授業へのサイクルがどのように構造化されているのか、その接点の明確化が問われている。このたびのカリキュラム・マネジメントの提起は、授業のサイクルと教育課程のサイクルを「学習指導」と「学習評価」を核に位置付けることによって結び、全体として機能化をはかることを目指しているととらえられる。

　その意味で、授業から単元へ、単元から指導計画へ、そして、指導計画から教育課程へ、あるいは、この逆に、教育課程から指導計画へ、指導計画から単元へ、そして、単元から授業へと、この道筋をそれぞれの授業者に明確にとらえられるようにすることが、カリキュラム・マネジメントのもとに取り組むべき作業ということになる。

　しかも、この一連の作業は、単元による学習指導、単元による学習評価の取組を通して進めることが大切である。すなわち、「単元による学習指導」と「単元による学習評価」の定着を目指す取組を通して、授業をめぐるサイクルと教育課程をめぐるサイクルとの"つなぎ手"が単元であることを明確にし、共通理解をはかることが、カリキュラム・マネジメントの取組として進められることを期待したい。

　いずれにしても、授業をめぐるサイクルと教育課程をめぐるサイクルとの接続に「単元による学習評価」がカギを握っていることを確認しておきたい。

第３章

条件整備としての
カリキュラム・マネジメント

1

資質・能力（コンピテンシー）を基盤とする
教育課程への経営資源の投入

"結局は、条件整備だ" ということ

　次の学習指導要領をめぐって、「論点整理」「審議のまとめ」につづき、2016（平成 28）年 12 月 21 日には、中央教育審議会「幼稚園、小学校、中学校、高等学校及び特別支援学校の学習指導要領等の改善及び必要な方策等について（答申）」（以下、「答申」）がまとめられた。この間、逐次、関連する情報が公表され、メディアも大きく取り上げてきた。

　さらに、学習指導要領案の公表は様々な話題も提供し、パブリックコメントを契機に、その在り方をめぐって、それぞれの立場から様々な意見が聞かれるようになった。

　また、学習指導要領案をめぐり全般的な賛否について識者に見解を求めた一般誌や教育誌も公刊され、このたびの学習指導要領の評価や成否をめぐって言論の世界が築かれた。

　そのなかには、条件整備に関連する意見の表明も少なくない。むしろ、学習指導要領の実現への言及は、条件整備への注文とセットになっているとの意見に注目したい。このたびの学習指導要領が掲げるねらいに迫るには条件整備がカギを握っている、との指摘に同感したい。

　実現のために整備すべき条件を明らかにすることを通して必要な措置を講じていく。教育の目的を効果的に達成するための条件整備に関わる知見の蓄積と提供が求められるところである。いよいよ条件整備に関わる学を標榜する諸学の出番ということである。

　その条件整備をめぐって、学校現場への人的資源の投入として教職員の増加を求める声は大きい。すなわち、学習指導要領が目指すところの成果をあげるには、結局のところ、学校現場の教職員をどこまで増やせるかどうかに懸かっている、という意見である。

　しかし、今の学校の仕組みや運営の進め方、仕事に仕方についての問い直しがなく、ただ増加させたとしても、どこまで状況を転換できるかを問わねばならない。折角の教職員増も、学習指導要領の理念の実現にまでどこまで迫れるか。

　それでも、一人でも多くの教職員が欲しい。それが学校現場の偽らざる願いであることも確かである。

　この学校現場の願いをどのようにふまえ、学校の仕組みや組織運営の見直しと結び付けていくか。まさに、教職員増という人材の投入と、学習指導要領の実現を目指す組織運営の改善とが結合するアイディアの創出が問われている。

資質・能力（コンピテンシー）を基盤とする教育課程への転換

　ところで、「答申」は、「次世代の学校」への転換に言及している。すなわち、複雑化・困難化した課題に対応できる「次世代の学校」の実現に向けて、このたびの学習指導要領改訂があり教育課程の転換があるという。

　その学習指導要領改訂の目指す教育課程の転換について、それは一言でいうならば、"資質・能力ベース"ということになる。すなわち、これまでの内容（コンテンツ）を基盤とする教育課程から、資質・能力（コンピテンシー）を基盤とする教育課程への転換ということになる。

　このたびの学習指導要領改訂を通して描かれる教育課程の姿は、20世紀の末に「生きる力」を掲げて21世紀の学校教育の在り方を探ってきた歩みが、ようやく一つの到達点に迫ろうとしているということである。

　また、現代の学校から「次世代の学校」への道筋を拓くことと、教育課程

の内容（コンテンツ）ベースから資質・能力（コンピテンシー）ベースへの転換とが、多分に結び付くことも見えてきたということである。

　とするならば、転換がはかられようとする教育課程の編成・実施を支える学校の仕組みや組織運営には、どのような変化が生じることになるのか。これまでの姿を大きく変えることなく教育課程の転換に向き合うのか。それとも、組織を変化させることによって教育課程の転換をむしろ促していくことになるのか。

　それは、今後、このたびの学習指導要領の実現に向けて進められることになる条件整備の在り方と密接にかかわることになる。

　いずれにしても、このたびの学習指導要領改訂を通して編成・実施を目指す教育課程は、これまでの学校の仕組みや組織運営の仕方を変化させていくエネルギーを備えている。別の言い方をするならば、資質・能力（コンピテンシー）を基盤とする教育課程への転換は、学校現場および学校経営に変化を迫る影響力を保持しており、今後、各教科の授業をはじめ学年・学級経営といった教育実践に見直しを迫り、これまで維持してきた枠組みについても組み換えを求めるなど、学校に変革をもたらす動きが出てくるものと思われる。

　例えば、資質・能力（コンピテンシー）を基盤とする教育課程は、これまでにもまして、教職員に一層の連携と協働を、指導の継続性や積み重ねを求めている。「答申」には、次のような一節がある。

　「教科等の枠を越えた校内の研修体制の一層の充実を図り、学校教育目標や育成を目指す資質・能力を踏まえ、『何のために』『どのような改善をしようとしているのか』を教員間で共有しながら、学校組織全体としての指導力の向上を図っていけるようにすることが重要である」

　このように、育成を目指す資質・能力を核に連携と協働による指導を学校の日常とするマネジメントが求められることになる。「答申」は、「新しい学習指要領の理念を実現していくためには、園長・校長のリーダーシップの発揮をはじめとする学校のマネジメント機能の強化が必要」と述べている。

　それは、別の言い方をするならば、これまでの学校教育が維持してきた枠組みを組み替えることなく事柄が推移するとするならば、学習指導要領のねらいの実現も覚束ない、ということを示唆しているともいえよう。すなわち、このたびの改訂のもとに編成・実施される教育課程を成果のあるものにしていくには、学校の仕組みや組織運営の仕方にも、さらには、学校のマネジメントについても見直しをはかっていく必要があるということである。

　改めて、資質・能力（コンピテンシー）を基盤とする教育課程がどのようなものであるか、その特質を理解するとともに、それを編成・実施・評価するための組織運営について、まさに、カリキュラム・マネジメントについての探求が問われることになる。

「答申」が述べる条件整備

　一方、「答申」は、学習指導要領等の実施に必要な諸条件の整備について、「第10章　実施するために何が必要か−学習指導要領等の理念を実現するために必要な方策−」を設けて、その考え方を述べている。

　まず、次の学習指導要領の掲げる理念でもある「社会に開かれた教育課程」を実現するためには、条件整備が必要不可欠であり、そのために国や教育委員会に着実な実施を求めたいという。すなわち、教育課程の編成・実施に必要な人材や予算、時間、情報、施設・設備といった経営資源を整えていく条件整備が欠かせないということである。

　これに、これら経営資源の運用をはかる学校経営について、学校の教育活動の環境を整えることにおいて、その在り方が問われていることを加えておきたい。

　その上で、「答申」は、学習指導要領等の実施に必要な諸条件の整備として、
・教員の資質・能力
・指導体制の整備・充実

・業務の適正化

・教材や教育環境の整備・充実

　など四つの柱を立てて述べている。その主なものをあげるならば次の通りである。

・わが国において独自に発展した教員研修の仕組みである各学校における学び合いを基調とする「授業研究」の改善・充実をはかる。

・次期学習指導要領等における指導や業務の在り方に対応するため、必要な教職員定数の拡充をはかる。

・教科等別の学習指導に関する改善のみならず、教科等を横断した教育課程全体の改善について助言を行うことができるような体制を整える。

・各学校において、教科等横断的な視点で教育課程の編成に当たることのできるミドルリーダーの育成も急務であり、そのためには研修の充実のみならず、長期的な育成の視点を持った人事配置も工夫する。

・学校現場における業務の適正化として、長時間勤務の改善、子供と向き合う時間の確保のための改善などに向けた改革工程パッケージを着実に実施する。

・教育環境の整備・充実として、学校図書館の充実、ICT の環境整備を推進する。

　なお、「答申」は、社会との連携・協働を通じた学習指導要領等の実施として、

　　・家庭・地域との連携・協働

　　・高大接続改革等の継続

　　・新しい教育課程が目指す理念の共有と広報活動の充実

をあげ、これらを取り組むべき条件整備として位置付けている。

　いずれにしても、これら条件を整えるにあたり、国や教育委員会などの行政や設置者による条件整備と、学校が行う経営資源の運用による学校経営との関連をはかる必要があり、両者の連携が問われることになる。

　さらにいうならば、これら取組を、教職員一人一人の力量形成に結び付け

ていくことが大切である。

教職員研修への経営資源の投入

　このように述べてくると、このたびの学習指導要領の改訂にあたり、その成否のカギの多くは、編成される教育課程について理解をもち、実践できる力量をもった教職員をどれほど得られるかにあるということになる。

　そのために、まず求められることは、教育課程について理解を深め、自らの授業や学級経営について見直しをねらいとする研修の充実であり、さらに、カリキュラム・マネジメントの理解と習熟があり、その一連の文脈のなかに、必要な教職員定数の拡充をはじめとする経営資源の投入と活用を位置付けていくことである。

　このうち、資質・能力（コンピテンシー）を基盤とする教育課程について理解を深める研修の充実については、授業からアプローチする研修プログラム、それに、学級経営からアプローチする研修プログラム、さらに、カリキュラムとマネジメントに関わるプログラムを準備し、校内における〈授業研修〉をはじめ校外での教育センターなどにおける各種研修を、それぞれ効果的に組み合わされて進められることが求められる。

　それは、このたびの改訂にあたり、学習指導要領を手掛かりに、資質・能力を基盤とした教育課程の編成・実施を目指すカリキュラム・マネジメントの実現をはかり、学校教育の改善・充実の好循環を生み出すとしている「答申」の述べていることと結びつく。

　これら一連の条件を整える取組について、現在、どの段階にあるか。新しい教育課程の実現に向けて、一連の研修計画のもとに経営資源の投入をはかる条件整備のプランとをつないだ、全体的な学習指導要領改訂のビジョンと戦略の策定と実施が、学校を核にして関係諸機関の連携のもとに進められることを期待したい。

2

カリキュラム・マネジメントと「チームとしての学校」

協働とカリキュラム・マネジメント

　学校は、はたして組織といえるのか。学校の組織運営をめぐって常に問われ続けてきた古くて新しいテーマである。

　それぞれが軒を張るように学級や教科を構え、その範囲のなかで努力や工夫を重ねる。学級担任や教科担任を個人経営の商店の店主として、そして、それら店主が集まった連合の商店街として学校がたとえられることもある。

　自らの店の繁栄のために営業努力を重ねるものの、それぞれの頑張りが個人の範囲にとどまり全体への波及に乏しい。協働をはかる意思の在り方が問われている。

　学級担任にしても、教科担任にしても、それぞれの努力し頑張る姿は大切にしたい。しかし、それぞれが自らの学級や教科をめぐって軒を張って守ろうとする姿は、学校を取り巻く環境の変化の波に翻弄され、転換を余儀なくされているといっても過言でない。

　カリキュラム・マネジメントの推進をはかる立場から、冊子をまとめた神奈川県総合教育センターのガイドブックは、次の一節を記している。

　「個々の教員はともすれば学級経営や自分の分掌等の仕事に取り組むことに懸命となり、学校全体の使命や方向性にまで心を配れないこともあります。また、熱心に教育活動に取り組んでいるものの、学校づくりに参画しているという意識が十分に持てない場合もあるのではないでしょうか[1]」

　このような学校の内外において変化が進行し、学校の組織及び運営につい

168

て見直しが迫られるなか、教職員の協働を促すカリキュラム・マネジメントの求めは、これからの学校組織を拓く提起として、これを積極的に受け止めていくことが問われている。

教育課程企画特別部会「論点整理」（2015（平成27）年8月26日）（以下、「論点整理」）は、学年や教科等を越えた組織運営を次のように求めている。

「教科等の縦割りや学年を越えて、学校全体で取り組んでいくことができるよう、学校の組織及び運営について見直しを図る必要がある」

そのために、カリキュラム・マネジメントは学校の組織及び運営の見直しを迫り、学校の組織力を高める手法であると述べている。

カリキュラム・マネジメントは、教育課程全体を通した取組により、組織体としての学校の存立を目指すマネジメントの手法としてとらえることができる。それぞれの学校や地域の実態を基にした展開が求められようとしていることを確認しておきたい。

管理職のみならず、すべての教職員に

カリキュラム・マネジメントは、教育課程（カリキュラム）と学年・学級、あるいは、教科等と結ぶ営みであり、また、一人一人の教職員それぞれを結び、学校における"協働"を促し、実現をはかるマネジメントの手立てである。

したがって、このようなカリキュラム・マネジメントに関する知識や技法の学校への導入・定着をはかることによって、学校の組織や運営に次のような変化や効果が生み出されるものと思われる。

①教職員が抱いている教育課程についてのイメージを豊かにする。

②授業や学年・学級経営に関する教職員の活動と、教育課程（カリキュラム）が掲げる目標との接近がはかられる。

③校内における教職員の協働の核を教育課程（カリキュラム）に求め、協働文化の形成が促進される。

④教育課程（カリキュラム）の計画・実施・評価を通して、教職員の学校経営への参画が促される。

⑤教育課程（カリキュラム）評価の結果をふまえて学校の改善がはかられる[2]。

　そのためにも、カリキュラム・マネジメントに関する知識や技法について、これを管理職はもとより、すべての教職員による共有が課題とされる。

　先にあげたように、「論点整理」は、学年単位、学級単位、教科単位を越えて学校単位で組織及び運営の見直しができるようにすることを求めており、そのためには、カリキュラム・マネジメントについて、管理職のみならず全ての教職員が必要性を理解することが大切であると述べている。

　そして、管理職から若手教員までカリキュラム・マネジメントの共有化をはかるにあたって、教育課程を核に授業改善及び組織運営の改善に一体的・全体的に迫ることのできる組織文化の形成など、校内の基礎づくりが必要であると指摘している。

　そこで、基盤づくりのための一環として、校内における授業研究などを通して、授業をとらえる視点として、次の3点をあげておきたい。

　第1に、「本時を中心に授業をとらえる視点」である。導入に始まる授業の過程をどう設計するか、時間配分をどうするか、いかなる教材を準備するか、発問についての工夫は、板書の仕方をはじめ学習形態への目配せ、何よりも個にどう応じるか、学習評価について等々、1時間の授業を展開するにあたって、おさえねばならない要素は多岐にわたる。

　第2に、「単元で授業をとらえる視点」である。時間配分をどうするか。各時間の相互関係をどうするか。各教科等の年間指導計画との関係において単元の配列をどうするか、学習評価の観点の配分は、教材等の枠を越えた単元間の関連はどうか、など、単元設計を通して授業のあり方をとらえ、その在り方を探究することになる。

　第3に、「教育課程（カリキュラム）で授業をとらえる視点」である。本時の授業や設計した単元が教育課程全体のなかでどう位置付くか、教科等間

の相互の関係、学校の教育目標の関係、授業時間や週時程の在り方、など、経営資源の効果的な投入など、学校全体のなかで授業の位置付けをとらえ、その在り方を探ることである。

この三つの視点をもって授業を見つめ、それぞれの在り方を探究するとともに、この三者の間を往還させ、総合的な学習の時間との関連を常に問い続けて組織文化の形成をはかる営みがカリキュラム・マネジメントの円滑な導入と展開にあたって欠かせない。

重みを増す教育課程（カリキュラム）

ところで、「論点整理」が公表されたのが 2015（平成 27）年 8 月であり、これに続いて「チームとしての学校」は同年 12 月にまとめられた。「論点整理」が述べるところの新しい時代に求められる資質・能力を育む教育課程について、それを実現するための体制整備として「チームとしての学校」があり、カリキュラム・マネジメントをめぐっては、互いに重なり合って在り方を説いている。その意味で、「チームとしての学校」の吟味を通して、「論点整理」が提起するカリキュラム・マネジメントの理解が進むものと思われる。

そこで、「チームとしての学校」について、カリキュラム・マネジメントとの関連において、そのポイントをあげておきたい。

第 1 に、「チームとしての学校」が目指す学校像として、校長のもとにマネジメントされた姿が示されている。すなわち、「校長のリーダーシップの下、カリキュラム、日々の教育活動、学校の資源が一体的にマネジメントされ、教職員や学校内の多様な人材が、それぞれを専門性を生かして能力を発揮し、子供たちに必要な資質・能力を確実に身に付けさせることができる学校」とある。

とりわけ、多様な経験や専門性をもった人材を学校教育に活かしていくことを強調した点が、この答申のポイントとされる。

教員以外の専門スタッフの参画として、
①心理や福祉に関する専門スタッフ（スクールカウンセラー、スクールソーシャルワーカー）
②授業等において教員を支援する専門スタッフ（ICT 支援員、学校司書、ALT、補習など、学校における教育活動を充実させるサポートスタッフ）
③部活動に関する専門スタッフ
④特別支援教育にする専門スタッフ
などがあげられている。

　これら専門性や立場の異なる人材の導入について、「教職員一人一人が自らの専門性を発揮するとともに、心理や福祉等の専門スタッフの参画を得て、課題の解決に求められる専門性や経験を補い、教育活動を充実していくことが期待できる」としている。

　第2に、カリキュラム・マネジメントの推進による学校像を次のように記している。
　・学年単位や学級単位、教科単位に陥りがちな学校運営ではなく、学校単位で教育活動をまとめることができるようなマネジメントに係る体制を整える。
　・学年全体、教科全体、そして学校全体を見渡し、授業を構想できるような場や時間を増やしていく。
　・教員だけでなく、保護者や地域住民その他の関係者が、それぞれの立場や役割に応じて、学校が抱える様々な課題に前向きに取り組んでいく学校文化を構築する。

　このように、教職員にとどまらず教員以外の専門スタッフ、さらには、保護者や地域住民をも加えたカリキュラム・マネジメントの推進を提起している点が注目される。

　第3に、協働の文化を創り出すとともに、他職種による協働の文化を学校に取り入れていくことをあげている。

　専門性や立場の異なる人材をチームの一員として受け入れ、そのために学校の仕組みや組織文化の見直しを迫られることは、学校にとって新しい事態といってよい。

　その意味で、カリキュラム・マネジメントは、専門性や文化の異なる職員の協働も求め、それら人々とともに進められることが、これからの姿ということになる。

　この点をふまえ、「チームとしての学校」は、校長のマネジメントや教育委員会の在り方について次の点をあげている。

　校長には教育ビジョンや学校経営の方針等を明確に示し、そのもとでのマネジメントが求められるとともに、それぞれの専門スタッフには、業務の進め方など職の在り方や職業文化の違いへの配慮が問われることになるとしている。

　また、教育委員会については、校長のリーダーシップが発揮される学校運営の実現をはかる観点から、学校の裁量拡大を求めている。

　いずれにしても、ポイントとなるのは、教育課程（カリキュラム）の共有である。それぞれの専門性が異なるが故に、協働の必要性が高まるわけであって、その核として教育課程の存在がますます重みをもってくることを確認しておきたい。

［注］
1　神奈川県立総合教育センター『小・中学校の教員のためのより良い学校づくりのガイドブックーカリキュラム・マネジメントの推進ー』2007年3月、p.3
2　天笠　茂「カリキュラムを核にした協働ーカリキュラム・マネジメントの3つの側面ー」小島弘道編『学校経営　教師教育テキストシリーズ8』学文社、2009年、p.67

第4章

新教育課程に生かす経営戦略

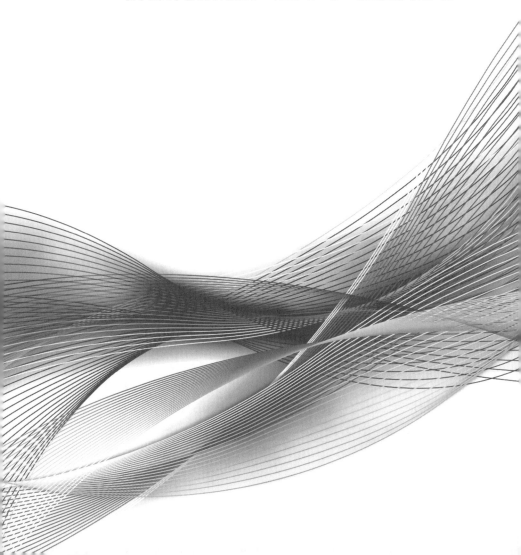

1

まずは経営戦略を立てる
－校長にとってのカリキュラム・マネジメント－

　カリキュラム・マネジメントはすべての教職員の関わりによって成り立つ組織的な営みである。しかし、カリキュラム・マネジメントは管理職のものであって、自分には関わりのないこととととらえる学級担任や教科担任も少なくない。この改善と克服こそ、わが校にとってのカリキュラム・マネジメントの第一歩ということになる。そのために、それぞれの立場におけるカリキュラム・マネジメントへの関わりを明らかにすることが欠かせない。管理職、ミドル、学級担任それぞれにとってのカリキュラム・マネジメントについて述べることにしたい。

カリキュラム・マネジメントの提起

　このたびの学習指導要領改訂にともない「社会に開かれた教育課程」という理念が掲げられた。そして、その実現のための手立てとして「学びの地図」及び「主体的・対話的で深い学び」とともに「カリキュラム・マネジメント」が提起された。学校関係者にとって、学習指導要領改訂の全体像をとらえるとともに、そこに盛り込まれたカリキュラム・マネジメントを理解し、どのように実践していくかが問われることとなった。

　「カリキュラム・マネジメント」は、このたびの改訂で初めて取り上げられたわけではない。学習指導要領改訂の基本的な方向性を示す中央教育審議会「答申」をさかのぼってみれば、そこに"カリキュラム・マネジメント"という文言を確認することもできる。しかし、どれほど学校現場で話題にされてきたかといえば、市民権を得られるまでには至らなかったというのが、

これまでであった。

　それに対して、このたびの改訂では、改訂への諮問（2014（平成26）年11月）以来、「論点整理」（2015（平成27）年8月）、「中間まとめ」（2016（平成28）年8月）、そして、「答申」（2016（平成28）年12月）と一連の審議の過程において審議の対象としてカリキュラム・マネジメントは位置付けられ続けた。

　アクティブ・ラーニングに対する関心の集まり方、話題のされ方ほどではなかったにしても、カリキュラム・マネジメントが、このたびの学習指導要領改訂を牽引するキーワードとして情報発信されたことは間違いない。

　もっとも、発信されたものの、学校現場においてどれほどの理解の深まりをもって受け止められたかとなると課題も多い。「カリキュラム・マネジメントとは何？」という教職員が少なくないのも現実の姿である。カリキュラム・マネジメントを実践していくには、校内研修を通して関係する知識の蓄積などの対応を必要とする学校も少なくない。

　しかし、カリキュラム・マネジメントが、学習指導要領の総則に初めて盛り込まれ、それぞれの学校において教育課程の編成・実施・評価・改善に関わる取組の核となる位置を占めるに至ったことは確認しておきたい。

　その意味で、カリキュラム・マネジメントについて、これまでが漠然としたものであったならば、あるいは、曖昧な理解のもとでの取組であったならば、このたびの改訂を機会にして、関係する知識の蓄積などをはかることを通して、確かなものにしていく取組に期待が集まる。と同時に、教育課程に関わる実践に発展させていくチャンスとしてとらえ、創意あるカリキュラム・マネジメントへの展開が望まれるところである。

経営戦略の手法としてのカリキュラム・マネジメント

　そこで、学校の経営戦略と手法という観点からカリキュラム・マネジメントをみつめてみたい。カリキュラム・マネジメントを経営戦略としてとらえ

ると同時に、手法とか手立てとしてとらえてみたい。この両面から迫ること
を通して、カリキュラム・マネジメントとは何かを一層明確にしてみたい。
　学校経営にあたって経営戦略とともに、それを具体化するための手法や手
立てが求められることになる。それを経営技法とか経営技術ということもあ
る。あるいは、戦略に対して戦術として取り上げられることもある。
　前者については、論理とか理論的な枠組みとか、あるいは、全体とか大局
といったこととして、後者については、技術・技法とか手段とか、実践と
か、部分といったこととして重ね合わせてとらえられることが多い。
　その上で、両者は、対の関係として緊密なつながりの必要性が説かれてき
た。すなわち、いかに壮大な戦略を描いたとしても、それを具体化する技術
や技法をもたなければ、絵にかいた餅になる、といったように。
　しかし、この両者は乖離したり、互いが矛盾を孕んだ関係になったり、い
ずれかに傾いたり、いずれかが突出したりといった具合に、バランスの取れ
た関係を維持することに困難さが生じることも少なくない。対症療法という
言葉もあるように、目の前に起こったことに対処するために、いわば症状を
抑える手立てや技法を求めて奔走する姿を目にすることも時にある。われわ
れの日常においても、全体的な状況の掌握を欠いて、目の前の事柄をテクニ
カルに対処するといったことは、よく見られることである。

戦略と手法の乖離

　このような経営戦略と手法や手立ての分離や乖離、それは、学校の現状と
重ね合わせてみても珍しいことではない。学校もまた、日々に生起すること
に追われ、対処のための技法が要請される世界であるといってもよい。別の
言い方をするならば、大局的な立場に立ちにくい、戦略といったものを持ち
にくいところといえなくもない。
　確かに、目の前に起こったことを対処するにあたって、しかるべき手立て
が欠かせない。事態の対処に立ち向かう当事者にとって“対処のための技

法"なくして、その場に臨むことは難しい。

　しかし、われわれの日常を振り返ってみると、その時は、首尾よく収まった話が、後日、困難な問題として姿・形を変えて立ち現れてくることも経験するところである。目の前に起こったことに対処したものの、全体的な状況からみて事態の解決に至らない。こんなことを経験することも少なくない。

　このことから浮かび上がってくるテーマが、経営戦略と手法である。すなわち、経営戦略を打ち立てるにとどまるのでもなく、また、手立てだけで事態の対処を考えるのではなく、経営戦略と手法の両者を合わせてとらえ、相互の関係の一体性をはかりながら事態に向き合う。このような思考と行動力をあわせもったマネジメントが求められているということである。

　このことをふまえ、カリキュラム・マネジメントをとらえるならば、それを経営戦略と手法や技法を合わせもったものとして両面をとらえたい。それは、手立てでもあるとともに戦略でもある。カリキュラム・マネジメントを経営戦略としてとらえる。その視点を合わせ持つことが、カリキュラム・マネジメントの理解に欠かせないということになる。

学校の経営戦略を立てるにあたって

　先にも触れたように、戦略には大局的・全体的・総合的といった意味が内包されている。学校にとっても、組織の目的を示し、全体的な見通しをもってグランドデザインを描き、目指す方向や方策を選択・決定していくことが、経営戦略を立てるということになる。

　その意味で、学校において、このたびの学習指導要領改訂をふまえ、経営戦略を立てるにあたって、おさえるべきポイントをあげるならば、次の通りである。

　第1に、学校のウチとソトについての環境の把握と目的・目標の設定。それは、学校のビジョンの構築といってもよい。学校の使命、特色ある学校づくりの方向性などを明示し、ビジョンの構築をはかる。

　第２に、教科等横断的なカリキュラム・マネジメントが提起された意図の読み取り。そこには、資質・能力の育成に教科等が単独で果たす役割の限界が認識されている。すなわち、資質・能力の育成は、教育課程を構成する教科等の連携と横断をもって課題に迫る方向性が示されている。

　第３に、授業の質的向上。このたびの改訂の目指すところに授業の質の向上がある。そのために、カリキュラム・マネジメントを機能させることが求められている。カリキュラム・マネジメントと授業改善を一体化させるマネジメントが問われている。

　第４に、新たな組織文化の創造。カリキュラム・マネジメントは、これまでの組織文化を越えて、新たな創出を全教職員の参加・参画のもとに目指す取組でもある。

　このように、カリキュラム・マネジメントを始めるにあたって、ビジョンや経営戦略の構築が欠かせず、この一連の推進役となるのが、校長であり管理職にある人々ということになる。

［参考文献］
・天笠　茂『学校経営の戦略と手法』ぎょうせい、2006 年
［初出］
・「戦略と手法のカリキュラム・マネジメント」広島大学附属小学校『学校教育』2018年４月号

2

コンセプトの共有と具体化

－ミドルにとってのカリキュラム・マネジメント－

豊かな内実を加えることを目指して

　カリキュラム・マネジメントに取り組むにあたって何をどうすればよいのか、との問いに対して、"PDCA サイクルを確立すること" といった答えがよく返ってくる。それは、教育課程を編成して実施をはかり評価する道筋やサイクルを確立することにおいて当を得た返答といってよい。

　しかし、"PDCA サイクルの確立" という返答を繰り返し耳にすることによって、どこまで内実をともなったものであるか心配になってくることもある。

　このたびの学習指導要領改訂を契機にカリキュラム・マネジメントが提起されて以来、PDCA サイクルという言葉が多く発せられるようになった。

　ただ、どこまで実践に向けての方向性や構想をもった PDCA サイクルの確立というカリキュラム・マネジメントなのか、その内実が問われるところである。カリキュラム・マネジメントも実践されて初めて意味をなすということである。しかも、どのように実践されるかは、多くが教育実践家の手に握られている。

　カリキュラム・マネジメントもコンセプトを創り、伝える段階から、それを実践する段階へと局面を大きく転換させ、どれほど学校に受け止められ実践されるか正念場に差し掛かったといっても過言でない。

　大勢の学校にとって、カリキュラム・マネジメントとは初めての出会いということになる。その意味で、その多くの学校にとって "PDCA サイクル

の確立"は、カリキュラム・マネジメントを理解し実践にあたって身近な手ほどきとなるに相違ない。

　ただ、それを形式や枠組みとしてとらえるか、それとも、内実としてとらえるかによって、カリキュラム・マネジメントの歩み方も実質も異なったものとなる。すなわち、PDCAサイクルを視点とするカリキュラム・マネジメントにしても描かれたアウトラインやプロセスとともに、内実を加える問題意識が求められることを確認しておきたい。別の言葉でいうならば、アイディアが期待されるということになる。アイディアが実践を支え、実践からアイディアが生成されることも。提起されたコンセプトも実践を通して肉付けられたり、光彩を放ちはじめるというものである。

　さしずめ、PDCAサイクルというアウトラインも、実践の立場からアイディアという息吹が吹き込まれることによって、その学校ならでものとして進んでいくことになるものと考えられる。カリキュラム・マネジメントも、その学校・教職員によるアイディアから生まれる教育経営実践が大きなカギを握っている。

　その中心的な担い手となることが期待されているのがミドルと位置付けられ称される人々である。校長のビジョンをふまえ、カリキュラム・マネジメントに関わるコンセプトを理解して実践を展開していく。推進へのリーダーシップの発揮が期待されているのがミドルである。

　では、カリキュラム・マネジメントをめぐり、どのような教育経営実践が考えられるのか、その実践への視点、道筋を順次あげていくことにしたい。

コンセプトを共通理解すること

　そこで、カリキュラム・マネジメントに関する教育経営実践への視点として、まずは、コンセプトについての共通理解をあげておきたい。

　カリキュラムを計画・実施・評価するにあたり、全体に貫かれ骨組みとなる発想や観点を教職員が共通して持つことは、まさに、その学校の"強み"

といってよい。この全体を貫き骨組みとなる発想や観点の共有にあたり、まずは、カリキュラム・マネジメントを、組織として学ぶことが大切である。

　カリキュラム・マネジメントとは、各学校において、教育課程を核に各教科等の教育内容の組織化などをはかり、ヒト・モノ・カネ・情報・時間などの経営資源の投入や協働を促すなど諸条件の効果的な活用や整備を通して、学校教育目標の実現を目指す営みである。

　そのカリキュラム・マネジメントは、次のように三つの側面からとらえられるとする。

　①　各教科等の教育内容を相互の関係で捉え、学校の教育目標を踏まえた
　　　教科横断的な視点で、その目標の達成に必要な教育の内容を組織的に配
　　　列していくこと。
　②　教育内容の質の向上に向けて、子供たちの姿や地域の現状等に関する
　　　調査や各種データ等に基づき、教育課程を編成し、実施し、評価して改
　　　善を図る一連のPDCAサイクルを確立すること。
　③　教育内容と、教育活動に必要な人的・物的資源等を、地域等の外部の
　　　資源も含めて活用しながら効果的に組み合わせること。

　このたびの改訂では、①の教育内容の相互の関係、教科横断などが特に強調されており、その意味で、ヒト・モノ・カネ・情報・時間などの経営資源の投入や活用による③を基盤にして、②のPDCAサイクルの展開を、各教科等の関連や横断による授業や教育や教育活動など①を軸にしてはかる、といった全体的な構図を描くことができる。

　これらカリキュラム・マネジメントについて、次にあげる日常の学校の営みととらえられる諸事項を照らし合わせ位置付け、全体として構造化をはかっていくことが大切である。
　①学校教育目標の設定
　②グランドデザインや学校経営計画の策定
　③日課票、週時程、月間計画の策定
　④年間指導計画や単元・題材をはじめ指導案の作成

⑤総合的な学習の時間や特別活動の目標設定や全体計画の作成

⑥学校行事の計画と実施

⑦学年・学級経営案の作成

⑧校務分掌の分担と運営

⑨校内研究・研修の計画と実施

⑩学校・家庭・地域の連携・協働の構築

これら取組を、教育課程の編成・実施・評価のサイクルに位置付け、相互に関連をはかり、全体構造を明確にしていくことが、カリキュラム・マネジメントの第一歩ということになる。

なお、このようなコンセプトの共有や全体構造の明確化には、目的やねらいの共通理解も含まれる。カリキュラム・マネジメントの提起が、何をねらったものであるか、先に見た三つの側面とともに、次の３点についても取り上げ検討を深めることが期待される。

① 様々な慣習や慣行のもとに動いている学校の日常をはじめ、学校の全体的な在り方について改善をはかる。

② 学級担任や教科担任などに対して、自らの授業や学級経営が教育課程といかなる関係にあるか、学校教育目標の実現にいかなる役割を果たすか、などについて自らとの対話を促す。

③ 過度に進行した教科等によるタテ割りの教育課程、学校や教育行政のシステムや組織運営の改善をはかる。

これら諸点について意見の交換をはかる過程そのものが、示されたアウトラインの単なる執行にとどまらないカリキュラム・マネジメントに豊かな内実を付け加える営みに連なっていくことが考えられる。

この中心的な役割を果たすのがミドルである。そこには、伝達者、調整役としてのミドルがいる。校長のビジョンを学級担任・教科担任に伝え、抽象度の高いコンセプトの具体化をはかる。その一方、学級担任・教科担任のそれぞれの思いを校長に伝えるとともに、それぞれの具体的な実践を学校としての取組にまとめあげていく。まさに、学校経営から学級経営へ、また、学

級経営から学校経営への往還をはかって中核となる存在がミドルなのである。

　しかし、そのような立場は、校長と学級担任との間をつなぐ単なる調整者や連絡係ではない。ミドルリーダーとして自らプランをもって企画・立案にかかわる全体をリードしていくリーダーシップの発揮が求められているのである。カリキュラム・マネジメントには、校長のビジョンを具体化し、それぞれの学級経営との往還をはかる、企画・立案者として推進役となるミドルの成長が求められていることを確認しておきたい。

［初出］
・「戦略と手法のカリキュラム・マネジメント」広島大学附属小学校『学校教育』2018
　年5月号

3

学級経営とカリキュラム・マネジメント

－学級担任にとってのカリキュラム・マネジメント－

学級と学級経営の重視

　同一年齢の児童生徒の集団、一人の学級担任、一つの教室、これらの構成要素をもって成り立っているのが学級である。そして、この学級を中心にして指導組織を組み立てて教育活動を展開しているのが、今の学校である。

　学級担任をはじめ教育実践に関わる人々は、この学級を好ましい学習・生活の空間に整える営みを学級経営と呼び、学級経営の重要性を繰り返し語ってきた。

　授業の充実は生活面の指導が支えとなっており、また、授業の充実が生活面の充実につながる。学級経営は、この学習指導と生徒指導を相互に関連づけながら一体的にとらえる学級における教育実践を総称するものであり、そこにわが国の学校教育の積み重ねと特色がある。

　この学習活動や学校生活の基盤としての学級を豊かなものにしていくことの重要性について、学習指導要領改訂の方向性を示した中央教育審議会「幼稚園、小学校、中学校、高等学校及び特別支援学校の学習指導要領等の改善及び必要な方策等について（答申）」（2016（平成 28）年 12 月 21 日）は、"学習活動や学校生活の基盤となる学級経営の充実"という小見出しのもとに、「学校における、子供たちの学習や生活の基盤となるのが、日々の生活を共にする基礎的な集団である学級やホームルームである」と述べている。

　ただし、学習指導要領と学級経営の歴史は比較的新しく、改訂される前の中学校、高等学校の学習指導要領には"学級経営"なる文言は見当たらな

い。これに対して、小学校については、改訂される前の学習指導要領総則に
指導計画の作成等に当たって配慮すべき事項の一つとして、学級経営の充実
が次のように示されていた。

　「日ごろから学級経営の充実を図り、教師と児童の信頼関係及び児童相互
の好ましい人間関係を育てるとともに児童理解を深め、生徒指導の充実を図
ること」

　もっとも、このような文言が総則に記されるようになったのも、1998（平
成10）年の小学校学習指導要領からである。小学校の場合でも、この程度
であって、学習指導要領における学級経営の歴史は浅い。

　このような経過と現状をふまえ、「答申」は、「これまで総則においては、
小学校においてのみ学級経営の充実が位置付けられ、中学校、高等学校にお
いては位置付けられてこなかった」と指摘し、改善の方向を次のようにあげ
た。

①　学習や生活における学校や学級の重要性を捉え直す。
②　特別活動を見直し、学級経営の位置付けを問い、学級活動・ホーム
　　ルーム活動を通じて学級経営の充実を求める。
③　中学校、高等学校の総則にも学級経営・ホームルーム経営の充実を位
　　置付ける。

　小・中・高等学校を通じて、学校における学習や生活の基盤として、学級
という場の重要性を確認したこと、さらに、学校種を越えて連続して一貫し
て学級経営・ホームルーム経営の充実を求めたこと、さらに、その趣旨を学
習指導要領の総則に記すとしたことの意義は大きい。

　「答申」は、「総則においても、小・中・高等学校を通じた学級・ホーム
ルーム経営の充実を図り、子供の学習活動や学校生活の基盤としての学級と
いう場を豊かなものとしていくことが重要である」と記した。

　このように学級経営の重要性が学習指導要領においても認知されたこと、
及び、それが小学校にとどまるものではなく小・中・高等学校を通して一貫
したものであることが明確にされた意義は大きい。

　ただし、それは、これまでなされてきた学級経営のスタイルを、そのまま首肯するものではないことに留意する必要がある。学級経営を生かすには、従来からの考え方や進め方には限界があり、学校経営ともども新たな発想と手法が問われていることを確認しておきたい。

学級経営の総和をもって学校を成り立たせることの困難さ

　これまでの学級経営の一般的なスタイルは、それぞれの学級において学級担任が持ち味を発揮して充実をはかり、その総和をはかることによって学校教育目標の達成を目指す、というものであった。とりわけ小学校において、多くのことをそれぞれの教室における学級担任に委ね、それぞれの学級経営の総和によって学校を成り立たせてきたということになる。

　このシステム及びマネジメントについては、指導の継続性、一貫性という観点でとらえた時、また、教職員の連携あるいは協働という観点でとらえた時、それぞれが分断されたような状態に置かれることとなるなど弱点をもっている。

　例えば、ノート指導一つとっても、学力の形成にしても、学級ごとにとどまり、分断されるケースも少なくなく、学校として指導の一貫性を保つことは容易でない実態がある。

　このような学級経営の分断や孤立化については、かねてから存在しており、それぞれの時代の状況に応じた工夫を通して克服をはかってきた。しかし、昨今の学校を取り巻く状況は、学級担任間の互いの配慮では乗り切れないところまできており事態は深刻である。変調をきたす学級の出現は、当の学級担任にとどまらず、指導体制のほころびとして、学校全体の士気の維持にも影響を及ぼしている。

　何よりも、学級担任自身が、一人ですべてを引き受けることに困難さを覚えつつあるといっても過言でない。小学校高学年にもなると、それぞれの教科等について授業のレベルを維持するには、相応の準備が求められ、全てを

一人で担任することは容易でない。また、学校行事にしても校務分掌にしても高学年ならではの分担がかぶさってくる。何よりも成長する子どもたちについて、また、保護者との関係づくりに一層の専門的な知見が求められており、これらを一体的に運営する学級担任の在り方が、心身の健康面の維持も含めて問われている。

　この困難な現状に対して、どこに突破口を見出し、いかなる手立てを講じていくかが一層現実的な課題となっている。学級を豊かな環境にするために学級経営の充実をはかる。その方向性は妥当であるにしても、それを進める新たな発想と手法による学級はもとより学校のマネジメントが問われているということである。まさに、カリキュラム・マネジメントは、このような学級担任が置かれている現状を打破して改善をはかる提起ということになる。

学級と学級経営を生かすマネジメントの模索

　さて、このたびの学習指導要領改訂にあたって提起されたこととして、次の3点をおさえておきたい。

①　資質・能力をベースとする教育課程の編成を改訂の方向として謳っている。

②　「社会に開かれた教育課程」という理念の実現を実現するための手立てとして、アクティブ・ラーニング、及び、カリキュラム・マネジメントをあげた。

③　カリキュラム・マネジメントを実現し、学校教育の改善・充実の好循環を生み出すことを目指すとした。

　このカリキュラム・マネジメントの実現と学級経営の充実とをどのように結びつけるか。また、そのことが学級経営をとりまく諸課題の解決にいかにつながるのか、両者の関連が問われるところである。

　「答申」は、教育課程を軸に教育活動や学校経営などの学校の全体的な在り方を改善していく営みが、カリキュラム・マネジメントであるとして、

・教科等横断的な視点から教育活動の改善を行っていくこと
・学校全体としての取組を通じて、教科等や学年を越えた組織運営の改善を行っていくことなどを求めている。

　このように、カリキュラム・マネジメントは、学年・学級や教科等の縦割りを越えて、学校全体で教育課程の実現に向けた取組ができるように、学校の組織やこれまでの経営の見直しをはかる営みである。それは、日々の授業についても教育課程の中での位置付けを確認したり、学級における学習や生活をめぐる指導についても年間指導計画の関連をおさえたり、授業時間や日課表の在り方などに留意する営みとしてもとらえられる。

　このことは、カリキュラム・マネジメントが、それぞれの学級において、学級経営との関わりがおさえられることによって意味を持ってくるともいえる。すなわち、カリキュラム・マネジメントが管理職だけでなく、教職員一人ひとりのものとなることの大切さとも重なってくる。

　「答申」は、カリキュラム・マネジメントが、全ての教職員の参加による学校の特色を創り上げていく営みであるとも述べている。すなわち、「管理職のみならず全ての教職員が『カリキュラム・マネジメント』の必要性を理解し、日々の授業等についても、教育課程全体の中での位置付けを意識しながら取り組む必要がある」と述べている。

　その意味で、カリキュラム・マネジメントを通して、学級担任の学校のマネジメントへの参加・参画をはかる意識改革と環境整備が、その実質化をはかるにあたって大きなカギを握ることになる。

学級・学年・学校経営との往還をはかるカリキュラム・マネジメント

　そこで、浮かび上がってくるテーマが、学級経営の立場からのカリキュラム・マネジメントについての理解ということになる。

　学級担任の意識を探ってみれば、一方において、学級に関わる諸々の事項への対応に困難さを感じつつ、他方、教室の全てを丸抱えすることによって

充実感や満足感を得ようとする、この両面を併せ持っている。

　このような意識を持つ学級担任は、とかくウチに向かう行動をとりがちである。このウチに向かう意識を緩和し開かれる方向に働きかけるのがカリキュラム・マネジメントである。学校全体と学級との関係を探り、連携と協働の観点から、学級担任の視野を学校全体に広げて意識を学級のソトに向けて開くのがカリキュラム・マネジメントである。それはまた、参加・参画の観点から、学級から学年へ、さらに学校全体への視野の広がりをはかる働きかけとしてとらえられる。

　そのために、例えば、学級経営案を作成するにあたって、これを参加・参画を求める視点から、学年経営や学校経営、さらには、学校教育目標との関連を問い直してみることも一案であり、カリキュラム・マネジメントをふまえて学級経営案を見直すことが試みられてよい。

　まずは、学級経営案にカリキュラム・マネジメントを取り入れることである。その上で、カリキュラム・マネジメントの視点から、学級経営案を組み立て直してみることである。さらに、学級経営からカリキュラム・マネジメントへの参加・参画をはかることである。

　いずれにしても、カリキュラム・マネジメントは、学級経営と学校経営との往還を促す手法としてとらえることが大切である。この手法を理解し身に付けることによって、学級担任には、学級経営を学校全体に位置付ける視点を得たり、学校において連携や協働を生み出すアイディアを発見するなど、学級経営をめぐり新たな道をひらくことが期待されている。

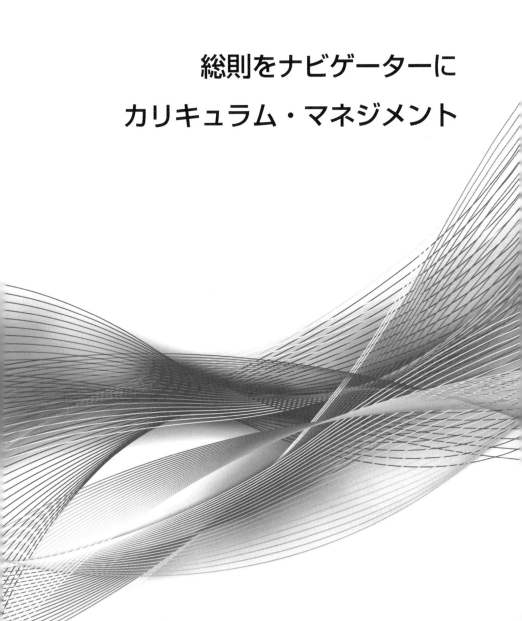

第5章

総則をナビゲーターに
カリキュラム・マネジメント

　学習指導要領改訂は、送り手が情報を発信する段階から、受け手が受信する段階に、そして、それを実践する段階へと推移する。

　「諮問」「論点整理」「審議のまとめ」「答申」と、学習指導要領の告示と解説書の提示、各種の説明会などを経て局面は転換し、学校現場の実践に光が当たることになる。

　そのことは、様々に提起された理念にしても、新たなコンセプトにしても、実際に、学校現場において実践を通して具体化されることによって、はじめて生かされることを意味している。提示された理念や基本方針、描かれた構図などが、どのように具体化され、どこまで実践されるか。学校の取組に期待が集まることになる。

　では、学校にとって学習指導要領改訂と向き合うにあたって、わが校の問題意識をいかに耕し、実践に向かう課題をとらえ、テーマを明確にしていったらよいのか。何を拠り所に進めていったらよいか。

　実際のところ実践の段階に入ったものの、話題にされてきた「主体的・対話的で深い学び」（アクティブ・ラーニング）にしても、カリキュラム・マネジメントについても、どのように対応するか戸惑う学校も見受けられる。

　これら学校には、まずは、改訂された学習指導要領の総則への着目をお勧めしたい。それは、このたびの改訂について理解を深め、将来に向けて学校の在り方を描くにあたって、多くの示唆が込められている。

　このたびの学習指導要領も大綱的基準として法的性格を有し、その基本的な性格と位置付けに変更はないという。その上で、手引書的な性格を持たせたり、チェックリスト的な機能を付加させたところに、このたびの総則の特徴がある。

　総則には、カリキュラム・マネジメントに関する基本的な要件や進め方に関わる事項が多岐にわたって盛り込まれており、その取組への導き手（ガイド）としての役割を持たせている。

　また、カリキュラム・マネジメントを診断・評価するため、学校評価と結びつけて活用がはかれるようにチェックリストとしての機能を持たせてもい

る。さらには、校内研究・研修の課題についてのメニューを備えたところに
も特色が認められる。従来の総則が、教育内容の取扱いや授業時数の扱い、
指導計画の作成にあたっての配慮事項などを示すにとどまっていたのに対し
て、このたびの総則は、授業をはじめ学校全体に及ぶ教育活動や組織運営に
関わりをもち、教育計画や学校経営計画の作成や運用など、まさにカリキュ
ラム・マネジメントに関わる事項を示すことを目指したととらえられる。

　その意味で、まずは、総則に盛られた事項の読み取りが欠かせない。その
上で、提起された理念やコンセプトを学校現場における実践との往還を通し
て内実を豊かにしていく。その手がかりとしての総則の活用について、以
下、12 のポイントをあげてみたい。

1

学習指導要領総則に即した実践課題

学校・教室まで届かないということ

　学習指導要領改訂が掲げる理念や基本方針をめぐって、その具体化が決して容易なことでないことを改訂の歴史は物語っている。学習指導要領改訂の歴史にとって実践を通した具体化が、常に課題となっていることをおさえておきたい。

　それは、"学習指導要領が改訂されても、学校まで届かない、教室にまで入らない"という言葉に表されている。そこには、改訂の理念と具体が遊離し、理念が置き忘れられた状態になることも含まれている。

　一方、"学習指導要領改訂は教科等ごとに学校・教室に入っていく"という言葉もある。学習指導要領改訂の進行の仕方をみると、教科等ごとに入っていく姿がみられた。学校において、校内研修においてある教科等を取り上げ、教科等を授業研究として学ぶことによって、学習指導要領改訂に関する理念や基本的事項も一緒に理解を広げていく取組み方である。

　特に小学校の場合、ある教科等を取り上げ、それを校内研究・研修の柱として学びを深めていく学校も珍しくない。しかも、その教科等にすぐれた見識や実践力を持つ教師が存在している場合、学校の学びが質的にも一層の深まりを見せることも少なくない。

　このようなことから、学習指導要領改訂の理念やコンセプトを理解することも含め、教科等の存在が重みをもってくることになる。ある教科等を通して改訂の理念などを学び深めるという学び方をして学習指導要領改訂と向き

合うのが、これまでの学校の姿である。

　確かに、学習指導要領改訂は教科書に収められ具体化されており、教室に届けられてもいる。教科書をもとに授業がなされることにおいて、学習指導要領改訂は教室に届いているということになる。

　ただ、これまでの教科等の目標は、改訂の理念をふまえるというよりも、その教科等の固有性を優先するものであったことも否定できない。すなわち、改訂の理念がどのようなものであっても、その教科等の本質と論理が優先されてきたこともおさえておきたい。

　いずれにしても、学習指導要領改訂は、教科等を通して学校に伝えられ、そして、教室にも入る仕組みとなっている。しかし、それは、学校・教師にとっては、教育内容の変更として扱われ、学習指導要領全体に関わる理念やコンセプトに関わることについては、その教科等の枠内において関連する事項として位置付けられる傾向にあることも否定できない。すなわち、学習指導要領全体のコンセプトと、教科等の教育内容や方法上の改善の求めとの修正や授業改善とが、うまくつながらないといったことが生じていた。

　改めて、学習指導要領改訂に際して、改訂の理念をどのように扱っていくかが、学校にとって古くて新しいテーマであることを、そして、この改善・克服が、このたびの学習指導要領改訂においても重要なテーマであることを、まずは確認しておきたい。

まず、総則を校内で読む

　そこで、この点の改善にあたって、学習指導要領の総則に着目してみたい。まずは、総則を全教職員で読み合わせる。この点を見つめ直してみるところから、新学習指導要領に入ることも一つの方策と考えたい。

　早速、総則をめぐる慣習・慣行が浮かび上がってくるかもしれない。すなわち、総則は管理職、教科等は学級担任や教科担任などの教職員と、それぞれの守備範囲を設けて分担して読む。もし、そうならば、それを見直すこと

が、改善の第一歩ということになる。

　確かに、これまでの総則は、教務主任が知っておけば済むような事項の示し方であった。もちろん、全教職員が知っておかねばならない教育課程の編成にあたっての基本方針や改訂の理念を示す基本的なコンセプトも明記されていた。しかし、"教務主任や管理職のもの"として総則がとらえられてきたことは否定できない。

　これに対して、このたびの学習指導要領改訂は、"すべての教職員にとっての総則"を打ち出しており、学校としての呼応が問われている。

　このたびの総則は、六つの柱（高等学校は七つの柱）から構成されている。これを分担して概要をレポートし、意見交換を通して実践課題について共有をはかっていく。それを教務主任として、また、学年ごとに、あるいは、校務分掌ごとに六つの柱を分担するということも考えられる。総則の料理の仕方に知恵を絞ることも、このたびの学習指導要領対応として期待されるところである。

2
各学校が教育課程を編成する

学習指導要領改訂の集大成

　このたびの 2017（平成 29）年に改訂された学習指導要領は、戦後を通して積み重ねられてきた改訂の集大成といってよい。それぞれ時代の課題を背負い、議論され実践されてきた取組の一つ一つが、このたび改訂された学習指導要領に集積された。その積み重ねられてきたものに "各学校が教育課程を編成する" がある。

　1947（昭和 22）年、最初に、そして試案として示された学習指導要領には、「教科課程は、それぞれの学校で、その地域の社会生活に即して教育の目標を吟味し、その地域の児童青年の生活を考えて、これを定めるべきものである」との一節がある。当時、"教科課程" という用語が用いられているものの、趣旨は、子供や地域の実態に即し、学校の創意工夫を重視して、"学校で定めるもの" とするということであった。

　以来、試案から告示となったものの、教育課程は各学校において編成するものとすることについては、積み重ねられ、このたびの改訂においても受け継がれている。

　その意味で、このたびの改訂をめぐる学校経営上の課題として、まずは、我が校の教育課程の編成について、これをどのように進めていくかが問われていることになる。学校にとって、教育課程を編成することは当たり前過ぎるテーマということになるかもしれない。しかし、果たして教育課程の編成が、日常化した実践上の改善をあまり必要としない取組としてとらえてよい

か、考えどころである。

教育課程の編成と全ての教職員の参画

　これまでも、学校の裁量や教師の創意工夫を生かした教育課程の編成、学校の特色づくりと教育課程の編成など、教育課程に関するテーマが提起され取り組まれてきたことは周知の通りである。

　これらとともに、このたびの改訂にともなって取組が求められている課題として、育成を目指す資質・能力を踏まえた教育課程の編成があり、その編成・実施・評価・改善に関わる教職員の参画が問われている。すなわち、教職員全員が関わる教育課程の編成とはどのようなものであり、全ての教職員によって学校の特色を創り上げていく営みをどのように進めていくかということである。さらには、教育課程の編成の基本的方針について保護者や地域の人々との共有がある。

　その一方、このたびの学習指導要領改訂の基本的方針をまとめた中央教育審議会の「答申」（2016（平成28）年12月21日）は、学校の特色をつくるには、「学校教育の軸となる教育課程の意義や役割を再認識」する必要があると指摘する。また、「教育課程は、学校教育において最も重要な役割を担うもの」でありながら、その存在や意義について、改めて振り返られることはそれほど多くない、との認識を示している。

　これは、教育課程を編成・実施する学校の現状に課題のあることを指摘するものである。すなわち、教職員の間で教育課程の理解に開きがあり、その共有や共通理解をはかるにあたって課題を抱えている、というのである。

　確かに、教育課程の編成を全ての教職員の参画のもとに進めていくには、教育課程の意義や役割についての共通理解が欠かせない。教育課程でわが校の教育を考え、実践する見方や考え方を定着させていくことが欠けたまま、教育課程の編成がなされてきたのがこれまでの学校でなかったか。教務主任が一人で進める仕事として教育課程の編成ととらえてこなかったか。

　教育課程に関する校務を担うのは教務主任であるにしても、また、中心的なリーダーであるにしても、全てを一人というわけではない。分担と協業の原則のもとに教育課程の編成・実施・評価・改善もあるのであって、校長のもとに中心的な役割を果たすことが求められているということである。

求められる「学校経営の地図」

　では、各教職員が教育課程の編成に関わるには、何をどのようにしたらよいか。まずは、教育課程の編成・実施・評価・改善を中心にした学校経営の全体像を描き、教職員に分かりやすく明示することである。それは「学校経営の地図」の作成とつながる。

　学校には、学校教育目標のもとに目指す児童生徒像や学校像、教職員像、重点目標などがあり、これらに続いて多くの全体計画、さらに各教科等の指導計画をはじめとする部門計画、学年経営案や学級経営案など、目標や計画が数多く存在している。これら諸計画の相互関係や全体構造を描き出すのである。その上で、諸計画の作成と実施が、教育課程の編成・実施にどのように関わるかを明確にするのである。すなわち、教職員それぞれの諸計画への関わりと、教育課程の編成・実施・評価・改善との関連を明示した全体像の明示ということになる。

　それは、学校経営をどのように進めていくかと重なる。これまでは、それを学校要覧とか、学校の教育計画とか、学校の経営計画と称する校内向けに束ねた冊子を活用して読み取ってきたわけである。

　しかし、それは「地図」ほどの確かさ、見やすさ、分りやすさに欠けている。その改善を含め、それら冊子を使いこなす「学校経営の地図」の作成が求められている。

　改めて、教育課程の編成・実施・評価・改善を核にした「学校経営の地図」の作成が必要とされていることを確認しておきたい。

3

グランドデザインと個別計画の作成

教育課程の位置を明確にしたグランドデザイン

　まずは、わが校のグランドデザインへの教育課程の位置付けの明確化について。「学校経営の地図」と学校のグランドデザインとは重なり合う。ただ、その学校のグランドデザインとか全体構想などと称する学校経営の着想や計画を表した図案や設計図について、カリキュラムとか教育課程が明確に記されたものに出合うことが少ない。

　学校のグランドデザインに教育課程の位置が明確に記されていない、とするならば、それは、地図において重要な目印を欠いているということであって、地図としての役割を果たしきれていないといっても過言でない。

　その意味で、わが校のグランドデザインに学校の目的や目標を実現するための教育課程を位置付け、具体化をはかる手立て、および投入すべき経営資源について明記することが、地図づくりの第一歩となる。

わが校のグランドデザインの見直し

　次に、学習指導要領改訂のグランドデザインとわが校のグランドデザインとの照らし合わせによる再設計をあげておきたい。

　このたびの学習指導要領改訂の目指すところが「社会に開かれた教育課程」という理念の実現にあり、それを次のように三つの柱に立てて説明がなされている。

① 社会や世界の状況を幅広く視野に入れ、よりよい学校教育を通じてよりよい社会を創るという目標を持ち、教育課程を介してその目標を社会と共有していくこと。

② これからの社会を創り出していく子供たちが、社会や世界に向き合い関わり合い、自らの人生を切り拓いていくために求められる資質・能力とは何かを、教育課程において明確化し育んでいくこと。

③ 教育課程の実施に当たって、地域の人的・物的資源を活用したり、放課後や土曜日等を活用した社会教育との連携を図ったりし、学校教育を学校内に閉じずに、その目指すところを社会と共有・連携しながら実現させること。

その上で、これら理念を実現するためとして、次のように三つの手立てが示された。

○学習指導要領等の枠組みの見直し（「学びの地図」）

○「主体的・対話的で深い学び」の実現（「アクティブ・ラーニング」）

○「カリキュラム・マネジメント」の実現

このように実現を目指す理念、および具体化をはかるための手立てによって組み立てた全体像をもって、"学習指導要領改訂のグランドデザイン"と呼ぶことにしたい。

学校には、この"学習指導要領改訂のグランドデザイン"と、わが校のグランドデザインとの照らし合わせを通して、必要事項を盛り込み再構成をはかり、新たな全体構想を設計することが求められている。

①と照らし合わせ、現実の社会の動きをとらえ、さらには、2030年に象徴される未来への展望を記す。

②と照らし合わせ、未来に向けて、わが校の子供たちの実態を踏まえ、いかなる資質・能力を育てようとするかを明示する。

③と照らし合わせ、学校の目指す方向について、保護者や地域の人々と共有をはかる意思と手立てを記す。

さらに、これら理念の実現に向けてアクティブ・ラーニングやカリキュラ

ム・マネジメントなどをどのように用いていくかを記す。

　このように、わが校のグランドデザインに学習指導要領改訂に向けた方向性や取り組むべき内容などを取り入れ、学校経営をどのように進めていくかを明確にしていく。改めて、「学校経営の地図」としてのグランドデザインの大切さを確認しておきたい。

〈総則〉を活用して個別計画を見直す

　さらに、個別計画の見直しに総則の活用をあげておきたい。わが校のグランドデザインと個別計画との関連が問われなければならない。グランドデザインに盛り込まれた理念や取組の方向性も、個別計画を受け皿にして実践に移されることによって実質化されることになる。

　その意味で、グランドデザインと個別計画とをつなぐシステムやツールが必要とされ、学習指導要領の総則にその役割を求めることが現実的と考えられる。すなわち、学校には、グランドデザインの再設計とともに、総則の活用を通して、個別計画の見直しが問われることになる。

　このたび改訂された小学校学習指導要領の総則は六つの柱によって構成されている。この点を踏まえ、総則について、各節ごとに記された事項を整理して項目化し、グランドデザインを個別計画につなぐチェックリストとして活用をはかっていくことが考えられる。

　どのような個別計画をいかなる方向性と内容をもって作成していくか、総則に盛り込まれた事項が指針となる。

　いずれにしても、総則のチェックリスト化とマネジメントのツールとしての活用は、学校評価項目の見直しと重なり、カリキュラム・マネジメントにもつながることになる。学校の実態を踏まえ、グランドデザインと個別計画をつなぐ取組が求められるところである。

4

教科等横断的な視点に立った資質・能力の育成

求められる授業の質の改善

このたびの学習指導要領改訂が重視するのは、教育の質的転換であり、授業の質の改善である。すでに様々に話題にされてきたように、アクティブ・ラーニングの視点からの授業改善である。

改訂の基本方針を示した中央教育審議会「答申」（2016（平成28）年12月21日）は、「主体的・対話的で深い学び」として、興味や関心を基に自らの個性に応じた能動的な学びの実現を強調している。まさに、学習者の主体性・能動性を引き出した深い学びの実現である。

それは、「知識・技能」の獲得にとどまらない、「思考力・判断力・表現力」の育成を目指す授業の改善であり、実現である。別の言い方をするならば、学習内容の重視か、資質・能力の重視か、という二者択一の思考に陥ることなく、両者の相互の関係を重視し、学びの過程を質的に高めていく授業の求めということになる。

このような、一連の授業改善にあって、総則に盛り込まれたように、教科等横断的な視点に立った資質・能力の育成が求められている。これをどのようにとらえ、授業の質を高めていく観点から、いかに対応していくか。

教科等間の連携と横断

まずは、教科等間の連携と横断のある学習が、これからの時代を生きる子

供たちにとって、資質・能力の育成をはかる観点からも、欠かせなくなっている。先にあげた「答申」は、教科等間のつながりをとらえた学習の必要性を次のように述べている。

　「これからの時代に求められる資質・能力を育むためには、各教科等の学習とともに、教科等横断的な視点に立った学習が重要であり、各教科等における学習の充実はもとより、教科等間のつながりを捉えた学習を進める必要がある」

　それぞれの教科等には、これからの時代に求められる資質・能力の育成について、自らの果たす役割を明らかにするとともに、他教科等との連携や横断の可能性や方向性を探ることが求められている。

　将来に向けての資質・能力の育成にしても、現代的課題への対応にしても、一つの教科等をもって単独で立ち向かうには限界があり、教育課程全体ということが欠かせない。

　その意味で、教科等で学んだことを、その枠を越えて活用していく場面を設けることが、あるいは、各教科等で育まれた力を、教科等横断的に育む資質・能力につなげていくことが求められることになる。すなわち、教科学習と教科等横断的な学習とをともに取り入れた、教育課程の編成・実施がまずは問われることになる。

　いずれにしても、教科等の連携と横断の求めは、過度に進行した教科等の縦割りを克服し、指導の改善をはかるねらいが込められている。「答申」では、学びを教科等ごとにとどめることなく、教科等間の関係性や教育課程全体のなかに位置付けることを求め、その検討・改善の視点として次の点をあげている。

　・教科等を越えた視点で教育課程を見渡して相互の連携を図り、教育課程
　　全体としての効果が発揮できているか。
　・教科等間の関係性を深めることでより効果を発揮できる場面はどこか。
　このように、授業の質的な改善として、教科等の連携と横断による授業の実現が必要であり、方法上の工夫・改善を通した授業と教育課程の往還を求

めているといえよう。

求められるカリキュラム・マネジメントの全体構想

では、教科等間の連携と横断のある学習を生み出すにあたって、運営上の
ポイントはどうあるのか。

第1に、各教科等より必要な教育内容を選択して組織的に配列する。それ
は、各教科等と教育課程全体とを往還させることでもある。両者の往還を通
して、各教科等の指導計画の見直しにつなげていきたい。

第2に、校内において、教科等の連携と横断について課題意識の形成と共
通理解をはかる。なぜ、教科等の連携や横断が必要なのか。校内において意
見の交換を通して共通理解を積み上げていくことが大切である。まずは、教
科等間の連携や横断を阻む要因を析出するところからスタートさせ、あわせ
て、改善策を出し合うことも一つの進め方である。全ての教職員の参加・参
画をはかりながら進めていくことが大切である。

第3に、一連の取組をカリキュラム・マネジメントとしてとらえ、その全
体構想のもとに進める。教科等間の連携と横断のある学習を生み出すには、
教育内容とともにヒト・モノ・カネ・情報・時間といった経営資源の再配分
が求められる。その意味からも、このカリキュラム・マネジメントは、校長
のリーダーシップを必要としており、そのもとで、教科等の連携と横断のあ
る学習を生むマネジメントが求められることになる。

校長には、わが校の教職員に自ら描くカリキュラム・マネジメントの全体
像を示すことが求められる。それは、教育課程のことは教務主任に任せると
してきたマネジメント・スタイルからの転換を意味するものでもある。

5

モジュール授業への対応

モジュール授業の求め

　短い時間を活用した授業の扱いが、このたびの学習指導要領改訂の課題とされている。10 分から 15 分程度の短い時間による授業の是非、及び、その活用をめぐって検討してみたい。

　これは、当初、小学校の外国語科の導入にともなう授業時数増加に対する事前の措置としての性格を多分にもっていた。時数増となる外国語科の授業をどのように扱い、いかに時間割に落とし込んでいくかが課題となっている。

　2013（平成 25）年 12 月 13 日に公表された文部科学省国際教育課「グローバル化に対応した英語教育改革実施計画」には、小学校における英語教育の拡充強化をはかるとして、小学校中学年に活動型（週 1 ～ 2 コマ程度）、高学年に教科型（週 3 コマ程度）を導入するとあった。そのうち、高学年の週 3 コマ程度については、週 2 コマは 45 分授業で、そして、3 コマを 15 分のモジュール授業によるものとしている。

　その上で、小学校 5・6 年生におけるモジュール授業を用いた時間割の参考例として、火曜日の 6 校時、及び金曜日の 4 校時に 45 分の授業をセットし、15 分のモジュール授業については、月曜から金曜の 1 校時開始前、あるいは、給食・昼休み後と時間帯を示し、いずれかに設ける案を示した。

　この計画が公表された時点では、15 分のモジュールによる授業は、授業時数増となる外国語への対応としてとらえられたといってよい。

　しかし、学習指導要領改訂に関わる審議が進む中で、話は、外国語対応のための短時間による授業ということにとどまらず、検討すべき対象はすべての教科等に広げられることになった。すなわち、学習内容に応じて授業時間の長短の是非について検討がなされた。

　また、短時間とともに長時間の授業についても関心が払われることになった。45分と15分の組み合わせによる60分授業といった具合に。

　いずれにしても、10分から15分程度の短い時間を活用して特定の教科等の指導を行う場合には、学習内容及び教科等の特質の吟味が欠かせない。「小学校学習指導要領解説　総則編」には、「道徳科や特別活動（学級活動）の授業を毎日10分間程度の短い時間を活用して行うことは、通常考えられない」とある。どの教科等、いかなる学習内容が15分程度のモジュールによる授業に見合うのか、教育的な配慮に基づいた判断が求められることになる。しかも、これらの判断を単元・題材、指導計画に記していくことが求められることになる。

責任を持って行う体制の整備

　これらの知見を踏まえ、15分授業や60分授業などを取り入れた時間割を運用するにあたっては、単元・題材や年間指導計画の整備が欠かせない。「解説書」は、授業時間設定に際しての留意点として、教科等の特質を踏まえること、授業のねらいを明確にすること、適切な教材を用いることを挙げており、これらを踏まえ、学習内容と学習の時間を照らし合わせた単元や題材、それらを明記した年間指導計画を求めている。

　その上で、これらについて責任を持って行う体制の存在に注目したい。総則及び「解説書」には、短い時間や長い時間による授業を年間授業時数に含めることができるようにするには、「指導内容の決定や指導の成果の把握と活用等を責任をもって行う校内体制が整備されているとき」としている。モジュール授業の実施にあたり、そのPDCAサイクルの確立を担保する責任

ある校内体制の整備に経営資源の投入を期待したい。

できるだけシンプルに

　学級・学校生活のリズムを生み出すにあたって、時間割は大きな役割を果たしている。その時間割の編成にあたって配慮しておきたい点を挙げておきたい。

　まずは、時間割は、できるだけシンプルであることを原則にしたい。先の改訂で、各教科等の年間の標準授業時数を 35 の倍数にすることを基本としたのも、子供の学習や生活のリズムの形成への配慮があってのことと考える。

　確かに、45 分と 15 分以外にも、20 分や 30 分、40 分など、児童や地域の実態によって、多様な時間の活用が可能とされている。また、週間を単位に変化とリズムを与え、学校生活を充実させるよう配慮することも大切である。ただ、そこには、時間割編成の原理や原則の尊重があってのことと考える。

　このたびの学習指導要領改訂の目指すところとして「質」の改善や向上がある。それは、日課表をはじめ週を単位とする時間割についても、基本的に貫かれる必要がある。じっくりと考えることが確保された時間割であり、安定した学校生活が確保された時間割こそ、目指すところといえよう。

　それは、負担過重への配慮ともつながる。「週当たりの授業時数が児童の負担過重にならないようにするものとする」と、総則には示されている。実際のところ、週当たりの時間割に加重がかかることになりがちである。ただ、その時間割編成のやり繰りが、結果として、授業の質の低下をもたらすことにならないか。その舵取りへの考慮が期待されるところである。

　その上で、週を単位とする時間割からはみ出す諸々の課題については、学期を単位に、あるいは、年間を通した期間のなかで扱うものとして位置付け、対処していくことにしたい。

6

学校段階間の接続

学びをつなぐ開かれた教育課程

　幼児教育に始まり高等教育に、さらには、生涯学習へと学びをつないでいく。それを目指す学校段階間の接続が、このたびの学習指導要領改訂においても課題とされている。改訂の基本方針を示した中央教育審議会「答申」（2016（平成 28）年 12 月 21 日）は、学校段階間の接続を取り上げている。すなわち、幼児教育と小学校教育の接続、小学校教育と中学校教育の接続、中学校教育と高等学校教育の接続、高大接続、職業との接続、それに、幼稚園、小学校、中学校、高等学校等と特別支援学校との連続性、などを柱に重視すべき点や取り組むべき事項を示した。そして、「答申」に書き記されたこれら事項や関連する事項を、各学校種の学習指導要領総則に位置付けた。この学校段階間の接続について、小学校を中心に、学びをつなぐにあたっての課題を述べることにしたい。

幼稚園などと小学校の接続

　まずは、幼稚園教育要領には、小学校教育との接続について留意事項として、次のようにある。すなわち、「小学校の教師との意見交換や合同の研究の機会などを設け、『幼児期の終わりまでに育ってほしい姿』を共有するなど連携を図り、幼稚園教育と小学校教育との円滑な接続を図るよう努めるものとする」と。

　一方、小学校学習指導要領は、幼児期の終わりまでに育ってほしい姿を踏まえた指導を工夫することを求め、「生活科を中心に、合科的・関連的な指導や弾力的な時間割の設定など、指導の工夫や指導計画の作成を行うこと」と示している。

　生活科の学習を他の教科等にも生かすなど、教科等間の関連をはかるとともに、幼児期の教育及び中学年以降の教育との円滑な接続がはかられるよう工夫を求めている。生活科を中心としたスタートカリキュラムを学習指導要領に明確に位置付けることを「答申」は求めている。

　これまでの生活科を問い直し、幼稚園などと小学校との学校段階間の学びをつなぐ観点から、新たな在り方を探る。生活科が創設されて以来、転機が訪れたともとらえられる。

　生活科の問い直しによるスタートカリキュラムの開発を通して、幼児教育から小学校低学年教育、そして、小学校中学年教育へと学びのつながりを拓いていくことが課題とされている。

小学校と中学校の接続

　次に、小学校から中学校へと学びをつなげることについては、両者間の円滑な接続の求めとするとともに、これを義務教育としてとらえ9年間を見通した計画的かつ継続的な教育課程の在り方を問いかけている。

　「答申」は、同一中学校区の小・中学校間における連携の取組の充実とともに、小学校高学年における専科指導の拡充など指導体制の充実をあげている。

　このうち、小学校から中学校への学びをつなぐにあたり、専科指導の拡充に注目したい。かねてから、指導体制の拡充が指摘されており、学びをつなぐ観点から、小学校高学年の専科指導の在り方が問われようとしている。

　教材の扱い方をはじめ学習過程、学習形態など、専科指導の在り方を小学校と中学校とが協働して見直しをはかっていく。専科指導の在り方を問い直

すことにも小学校と中学校の学びをつなぐ芽があり、新たに拓いていく道が
あることを確認しておきたい。

特別支援学校との連続性

　一方、特別支援学校とのつながりにも触れておきたい。「答申」は、特別
支援教育に関する教育課程の枠組みを、全ての教職員が理解する必要がある
とし、そのため、総則に、通級による指導や特別支援学級における教育課程
編成の考え方を示す必要があるとしている。

　また、通常の学級の現状をふまえ、全ての教科等において、障害種別の指
導の工夫、学びの過程において困難さに対する指導の工夫の意図、手立ての
例を具体的に示す必要があると述べている。

　その一方、特別支援学校においても、初等中等教育全体の改善・充実の方
向性、すなわち、

　　・「社会に開かれた教育課程」
　　・育成を目指す資質・能力についての基本的な考え方
　　・「主体的・対話的で深い学び」の視点を踏まえた指導
　　・カリキュラム・マネジメント
などの重視が求められるとしている。

　これら一連の動きの基盤となるのがインクルーシブ教育をめぐる理念であ
り、その共有が学校種間の学びをつなぐということになる。

閉じた教育課程、開いた教育課程

　これら学校段階間の接続をとらえてみると、まずは、それぞれの学校段階
における学校間のつながりの大切さであり、その常なる問い直しの必要性で
ある。その上で、「答申」や学習指導要領総則に記された事項の具体化への
推進である。おそらく、これらが具体化されるに従い、人々の行き来が活発

になると思われる。幼児園などの関係者が訪れたり、あるいは、中学校や特別支援学校などの児童・生徒や教職員の出入りが見られるようになる、といった具合に。

　ただ、それは、編成する教育課程次第ということになる。すなわち、他校種への接続や連続に積極的な開いた教育課程であるのか、それとも、消極的な閉じた教育課程であるのか。その在り方によって、学校の姿も異なったものとなる。改めて、接続や連続に課題意識を持ち、具体への取組に前向きな開いた教育課程の編成が期待される。

7

「主体的・対話的で深い学び」の実現に向けた授業改善

何のための「主体的・対話的で深い学び」なのか

　「主体的・対話的で深い学び」という用語が用いられるようになったものの、学習指導要領改訂への関心を醸成することにおいて、さらには、授業改善への動きを生み出すことにおいて、「アクティブ・ラーニング」が提起した役割は少なくない。

　授業の質の改善を通して、教育の質的な転換をはかる。このたびの改訂が重視したのは、教育の質的転換であり授業の質の改善であり、学習者の主体性・能動性を引き出す深い学びの実現である。中央教育審議会「答申」(2016（平成28）年12月21日)は、「学習の内容と方法の両方を重視し、子供たちの学びの過程を質的に高めていくことである」と述べている。

　おりしも、50代のベテラン教師の減少、それに代わって20代の若手教師の増加と、目下、世代交代が進行中である。そのなかで、これまで維持してきた授業の質をどれほど引き継げるか、現状は厳しいものがある。提起されている課題は、授業の質的転換である。ベテラン教師が積み重ねてきたノウハウを継承しつつ、さらに乗り越えていくことが若手教師に期待されている。目指すところは、「知識・技能」を活用して「思考力・判断力・表現力」を育てる授業の実現である。

"深い学び" に向けた授業改善の視点

　ところで、総則「第３　教育課程の実施と学習評価」は、「１ 主体的・対話的で深い学びの実施に向けた授業改善」において、各教科等の指導に関わる配慮事項として次の点をあげている。

　　①単元や題材など内容や時間のまとまりを見通した授業改善

　　②国語科を要とした言語活動の充実

　　③情報手段を活用した学習活動の充実

　　④学習の見通しを立てたり、振り返ったりする活動の計画的な取り入れ

　　⑤各教科の特質に応じた体験活動の重視

　　⑥学習課題や学習活動を選択する機会の設定

　　⑦学校図書館の計画的な利用とその機能の活用

　さらに、学習評価の充実については、学習評価が資質・能力の育成に生かされるようにすること、学習したことの意義や価値を実感できるようにすること、学習の成果が円滑に接続されるように工夫すること、などが配慮事項としてあげられている。

　このうち、①については、各教科等の特質に応じた見方・考え方を働かせながら、

　　・知識を相互に関連付ける

　　・情報を精査して考えを形成する

　　・問題を見いだし解決策を考える

　　・思いや考えを基に創造する

などに向かう過程を重視した学習の充実を求めている。

　また、③については、情報手段の基本的な操作を習得させるための学習活動、論理的思考力を身に付けさせるための学習活動を計画的に実施することとある。

　このように、授業のあり方について基本的な視点を示したのが、このたび

の総則の「教育課程の実施と学習評価」である。これをいかに活用するか。授業改善をめぐるマネジメントが問われるところである。

校内研修計画への取り入れ

これら授業に関わる諸事項は、わが校の授業の診断・評価・改善にあたって、チェック項目としての活用が考えられる。

ただ、いきなり学校評価において評価項目というよりも、これらを校内研修に位置付け、研修計画のテーマや取り組むべき課題としてとらえ活用をはかることも大切である。

たとえば、互いに授業を参観する機会を校内研修として設けている学校ならば、「深い学びに向けた授業の実現」を全体テーマとして、そのもとに、今月は「知識を相互に関連付ける」を視点に、翌月は「情報を精査して考えを形成する」を、さらには「問題を見いだし解決策を考える」を、そして、「思いや考えを基に創造する」を視点に、それぞれ試みの授業を授業者に求める。それら試行される授業をもとに、過程を重視した深い学びについて理解を深めていく、という校内研修の進め方も一案である。

あるいは、「単元や題材など内容や時間のまとまりを見通した授業」を全体テーマとして、各学年あるいは教科等部会ごとに作成した単元や題材をもとに、順に授業を通して教科等の授業のあり方について見直しをはかっていく。これまた一案である。

いずれにしろ、総則に示された授業改善の視点を、"深い学び"に向けて校内研修の計画に取り入れ、授業改善の取組として具体化をはかるかが問われるところである。改めて、授業の振り返りを通して、質の向上をはかるマネジメントが期待される。

8

児童生徒の発達を支える指導の充実

生徒指導の機能を生かした授業

　学習指導と生徒指導のバランス、両者の調和の取れた授業を目指す不断の取組が欠かせない。2010（平成22）年に発行された文部科学省「生徒指導提要」には、「生徒指導は学校の教育目標を達成する上で重要な機能を果たすものであり、学習指導と並んで学校教育において重要な意義を持つものと言えます」（p.1）とある。

　実際に、"生徒指導の三機能を生かした授業"を掲げて授業の改善に取り組む学校もある。それら学校では、

　　①児童生徒に自己存在感を持たせること

　　②共感的な人間関係を育成すること

　　③自己決定の場を設け自己の可能性の開発を援助すること

などを生かした授業の実現が目指すところとされている。

　先にも述べたように、50代のベテラン教師の減少、それに代わる20代の若手教師の増加と、目下、世代交代が進行中であり、これまで維持してきた授業のレベルをどれほど引き継ぐことができるかが課題とされている。

　このような状況のもと、生徒指導の機能を生かした授業を、教育の哲学として、授業者の精神として、そして、実際の指導技術としてとらえ、ベテランから若手へと継承しつつ発展をはかっていくことが課題となっている。

　もっとも、授業者にとって、生徒指導の機能を生かした授業の大切さは、常に心しておくこととして、よく理解されていることかもしれない。

　しかし、いざ学習指導要領改訂の時期になると、話題とされるのは教科等のことであって、いきおい関心も学習指導に集中し、生徒指導はどこか脇に置かれてしまうことも珍しくない。

　また、学習指導要領改訂はともかくとして、研究指定を引き受けた学校が公開研究発表会を終えてほどなくすると荒れ始める、との話を耳にすることがよくある。そこには、授業の改善に取り組みながら、どこか生徒指導を見失って迷路に入り込んだ学校の姿が見え隠れしている。学習指導と生徒指導のバランスを欠くと、学校生活全体の安定性も変調をきたすということである。改めて、生徒指導の機能を生かした授業に重要性を確認し、その実現を目指す持続的な取組として、学校経営上の課題に位置付ける必要がある。

生徒指導の機能を生かした「主体的・対話的で深い学び」

　ところで、このたびの学習指導要領改訂の目指すところが授業の質の改善を通した教育の質的な転換にあり、その一環として、「主体的・対話的で深い学び」の実現に向けた授業改善が提起されたことは周知のとおりである。

　そこに生徒指導の機能を介在させることが、この授業改善の取組に一層の豊かさをもたらすことになるものと思われる。逆に、相互の信頼関係と人間関係を欠いたアクティブ・ラーニングは、たとえ活発な学習活動が展開されたとしても、所詮、形にとどまるということになりかねない。深い学びには、学びの集団を成り立たせる相互の信頼関係と人間関係が欠かせないのである。まさに、生徒指導の機能を生かした「主体的・対話的で深い学び」に照準を合わせることが問われているのである。

　その生徒指導に関わる諸点を示したのが、学習指導要領総則の「第4　児童（生徒）の発達の支援」である。それは、「児童（生徒）の発達を支える指導の充実」、及び、「特別な配慮を必要とする児童への指導」より成り立っており、多くは生徒指導にあたっての配慮事項といってもよく、次の点があげられている。

①学級経営の充実を図る。

②ガイダンスとカウンセリングの双方により、発達を支援する。

③学年の時期の特長を生かした指導を工夫する。

④児童（生徒）理解を深め、学習指導と関連付けながら生徒指導の充実を図る。

⑤社会的・職業的自立に向けて特別活動を要にキャリア教育の充実を図る。

⑥主体的に進路を選択することができるよう、組織的かつ計画的な進路指導を行う。（中学校）

⑦指導方法や指導体制の工夫改善により、個に応じた指導の充実を図る。

このうち、学級経営の充実について。これまでは小学校学習指導要領総則に示されるにとどまっていた。これに対して、このたびの改訂では、小学校とともに中学校さらには高等学校を加えて「学級経営の充実を図ること」としたことに注目したい。

小・中・高等学校を通しての学級経営の充実

高等学校学習指導要領の総則には、「学習や生活の基盤として、教師と生徒との信頼関係及び生徒相互のよりよい人間関係を育てるため、日頃からホームルーム経営の充実を図ること」とある。

今、子供たちにとって安心して日々を過ごせる学びの場が求められており、信頼関係と人間関係のある学級を育てる学級・ホームルーム経営が問われている。

これら課題に向き合うにあたり、まずは、授業の基盤に生徒指導があること。その生徒指導の具体として学級・ホームルーム経営があること。そして、生徒指導の機能を生かした「主体的・対話的で深い学び」の実現に学級・ホームルーム経営の充実が深く関わっていることを確認しておきたい。

9

カリキュラム・マネジメントと学校評価

学校評価からカリキュラム・マネジメント

　ついこの前まで学校評価が関心を集め、そして、今は、カリキュラム・マネジメントが取りあげられている。このような経過のなかで、学校評価とカリキュラム・マネジメントとの関係に戸惑いを覚える学校関係者がいても不思議はない。

　学校評価の改革に注いだエネルギーはどういうことになったのか。今度は、カリキュラム・マネジメントか。といった具合にカリキュラム・マネジメントへの取組にためらいを覚える学校関係者がいるかもしれない。そこには、学校評価は学校評価であり、カリキュラム・マネジメントはカリキュラム・マネジメントであると、それぞれを別個のものとするとらえ方がある。

　しかし、この両者、そんなに関係に欠けた遠い存在なのかといえば、むしろ逆であって、多分に重なり合っているといってもよい。その意味で、カリキュラム・マネジメントと学校評価との関係を明確にし、相互を関連付け一体的な運用をはかることが学校経営上の課題ということになる。

　改訂された学習指導要領総則には、学校運営上の留意事項として、教育課程の改善と学校評価等、及び、家庭や地域社会との連携及び協働と学校間の連携があげられている。このうち、前者については、①カリキュラム・マネジメントの実施と学校評価の関連付け、②各分野における学校の全体計画等との関連付け、などがあげられている。

　このように、カリキュラム・マネジメントと学校評価を関連付けること

を、学校運営上の留意事項として明記したのが学習指導要領総則である。

カリキュラム・マネジメントを始める

　ところで、カリキュラム・マネジメントを始めるとは、どのようなことなのか。まずは、教育課程の編成、実施、評価、改善を学校の中心的な活動として位置付けることであり、次に、それぞれを相互に関連させ全体として一貫した取組とすること、つまり教育課程のPDCAの確立である。その意味で、まずは、教育課程のPDCAサイクルが確立し機能しているかを診断・評価してみる必要がある。

　計画は立てている。授業もなされている。評価にしても学校評価として実施している。だが、それら営みが相互に関連付けられることなく、それぞれがそれぞれとして行われているとしたならば、どういうことになるのか。あるいは、授業はなされているものの、学校の目指す方向が定まらず、教職員の意識もバラバラとなると、学校教育目標の達成も覚束ないということになる。

　カリキュラム・マネジメントは、このような連携と協働に欠けた教育活動がなされ、教職員それぞれが孤立した状態にある学校の改善をはかり、教育課程のもとに組織的な教育活動を生み出す営みである。それは、教育活動の質的な向上を目指し、教育課程を中心に据えて教職員の協働を促す営みでもある。その意味で、まずは、教育課程のPDCAを学校評価するところからカリキュラム・マネジメントを始めるのも一つのやり方ということになる。

カリキュラム・マネジメントと関連付けて学校評価を行うこと

　学校評価は、教育課程を評価の対象にしてなされる組織的な取組である。しかし、対象とする教育課程が拡散気味であったり、存在感が希薄であったり、そもそも問題意識が乏しかったりと明確にされていない場合もある。そ

の意味で、カリキュラム・マネジメントと関連付けて学校評価を行うにあた
り、まずは、学校評価の対象が教育課程にあり、その PDCA にあることを
明確にすることである。

　そもそも教育課程の評価が位置付けられ適切に評価されているか、教育課
程評価の抜けた学校評価になっていないかをチェックする必要がある。

　次に、学校評価の評価項目や指標等について教育課程に関する項目の精査
をはかることである。たとえば、「学校評価ガイドライン（平成 28 年改訂）」
（文部科学省）には、〔評価項目・指標等を検討する際の視点となる例〕とし
て、教育課程等の状況に関連する項目を次のとおりあげている。

・児童生徒の学力・体力の状況を把握し、それを踏まえた取組の状況
・児童生徒の学習について観点別学習状況の評価や評定などの状況
・教育課程の編成・実施の管理の状況（例：教育課程の実施に必要な、各教
　科等ごと等の年間の指導計画や週案などが適切に作成されているかどう
　か）
・学校の教育課程の編成・実施の考え方についての教職員間の共通理解の状
　況（以下、略）

　これら項目を、わが校の教育課程の実態に即して選択し、文言を修正する
などして活用をはかっていくことが検討されてよい。

　さらに、学校評価の実施について、年間を通してのスケジュールを調整す
ることである。次年度の教育課程を計画する時期と本年度の学校評価を実施
する時期が前後していないか。次年度の教育課程の検討が本年度の教育課程
を振り返る学校評価よりも先行して実施するようなちぐはぐな日程になって
いないか。教育課程の評価をもとにした次年度の教育課程の編成もカリキュ
ラム・マネジメントのポイントである。それを年間のスケジュールとして表
すこともカリキュラム・マネジメントの視える化につながる。

　いずれにしても、カリキュラム・マネジメントは教育課程の絶えざる振り
返りであって、その PDCA をとらえる学校評価と一体の関係にあることを
確認しておきたい。

10

家庭や地域社会との連携及び協働

「社会に開かれた教育課程」について

　このたびの学習指導要領改訂において実現を目指すべき理念として掲げられたのが「社会に開かれた教育課程」である。改訂の基本方針を示した「答申」は、教育課程の実施にあたって、「学校教育を学校内に閉じずに、その目指すところを社会と共有・連携しながら実現させること」と記した。

　これを受けて、学習指導要領総則は、教育課程の編成及び実施にあたり、基本的な方針の家庭や地域による共有をはじめ、協力を得ながらの教育活動の実施に必要な人的または物的な体制の整備など、家庭や地域社会との連携及び協働をうたった。

　もっとも、家庭や地域社会との連携及び協働は何も今に限ったことではない。常に求め続けてきたことであり、このたび再度強調されたといってもよい。見方を変えれば、このテーマ、学校にとっても、家庭及び地域にとっても、いささかマンネリ化したものといえなくもない。

　その意味で、家庭や地域との連携及び協働のもとに教育課程の編成・実施にあたり、スローガンを唱えるにとどまる取組を乗り越え、実質を積み上げていくことが問われていることを確認しておきたい。

学校・家庭・地域による共有

　ところで、「社会に開かれた教育課程」について、学校・家庭・地域の連

携・協働という観点から、要点として次の事項があげられる。

　第1に、子供に求められる資質・能力を家庭や地域の人々と共有することであり、将来の社会を見据え子供に育てる「生きる力」を共に探ることである。将来の社会の姿について、その社会に求められる「生きる力」について、学校・家庭・地域が協働して探り、共有をはかることが基本的な方向といえよう。

　第2に、学校内外において子供たちの生活の充実を目指して、家庭や地域の人々と共に環境の整備をはかり、共に子供を育てていく環境を整えていくことである。

　第3に、幅広い地域住民の参加・参画のもとに連携・協働を進めることである。多様な専門人材、高齢者や若者など多様な年齢層の人々、PTAや青少年団体、企業やNPOなど、地域全体で子供たちの成長を支えていく。学校にとっても、地域にとっても、地域をコーディネートしていく人材を大切にしたい。

　第4に、家庭の役割や責任を明確にしつつ、学校・家庭・地域の三者の連携・協働を強化することである。「社会に開かれた教育課程」は、学校と家庭との関係づくりを核に、三者によるテーマの共有によって成し遂げられるものである。

連携・協働が目指すところ

　このように、家庭との連携・協働を核に、地域からの幅広い支援による体制や環境を整えるにあたって、学校には、改めて、地域の人々との関係づくりを通して、地域を知ることが問われることになる。

　家庭・地域の人びとの連携・協働にあたり、学校が取るべき手立ては、地域を知ることであり、そのことを通して、授業をはじめとする教育活動に地域の教育資源を取り入れていくことである。ある意味、それは目新しいというよりも、これまで繰り返しなされてきた方策ということもできる。

　ただ、それが、着実に継承されているかといえば、いささか心もとない学校もある。教職員の異動などによって、短期間に別の姿へと変貌を遂げていくのが学校である。その新陳代謝のなかで、地域との関係も、少しでも油断すると疎くなってしまうことも珍しくない。

　その意味で、地域の人びととの関係を絶やさないようにすることを、築かれた関係が一代限りで切れてしまわないように次につなぐことを心掛けたいものである。また、眠っている資源の掘り起こしに目を向けたいものである。学校によっては、地域人材を含む「資源リスト」を作成していながら、次に継承されず、地域の人々の世代交代も相俟って、埋もれてしまったケースもある。改めて、それを掘り起こすことも、地域の情報を得る一つの方策ということになる。まずは、これら地域を知ることは、地域の人々との関係づくりと重なりあう。

　もっとも、学校の教育方針や進める教育活動について、理解や協力を求めるといっても、一体、どこの誰に向けての情報発信なのか。情報の発信や説明に努めるとか、学校に対する意見の把握に努めるといっても、どのようなチャンネルが確保されているのか。これら一つ一つの話を詰めていくと、そこに地域から孤立した学校の姿が浮かび上がってくる。

　改めて、まずは、地域に居住する様々な世代の人々からの話を聞くことを通して、関係づくりをはかる。ここに「社会に開かれた教育課程」の第一歩があることを確認したい。

　しかも、その地域に居住する人々との関係づくりにあたり、学校には、地域における高齢者から若者まで世代をつなぐ役割が期待されていることを確認しておきたい。

　子供にとって、学校は、授業や学校行事などを通して、それぞれの世代から「様々な生きた知識や人間の生き方を学んでいく」場でもある。「生きる力」の育成に、高齢者をはじめ様々な世代の人々との触れ合いや交流が貴重な機会ということになる。まさに、子供への「生きる力」の育成にあたり、様々な世代の人々の出入りと交流を促す場が学校である。

　さらに、学校・家庭・地域の連携・協働は、次の時代の地域の担い手を育てることでもある。地域の将来を見据えた明確な問題意識と目的・方針、そのもとの具体的な取組、それら全体構想の中心に位置付くのが学校である。

11

部活動と教育課程との連携をはかる

　教育課程には位置付けていないものの、教育課程外とされる一群の学校教育活動がある。その代表的なものが部活動である。中学校にとって、また、高等学校にとって、この部活動を学校教育の一環として位置付けていくことが課題となっている。この点をふまえ、改訂された中・高等学校学習指導要領総則には、学校運営上の留意事項として、教育課程外の活動との連携について次のようにある。

　「ウ　教育課程外の学校教育活動と<u>教育課程の関連</u>が図られるように留意するものとする。特に、生徒の自主的、自発的な参加により行われる部活動については、スポーツや文化、科学等に親しませ、学習意欲の向上や責任感、連帯感の涵養等、学校教育が目指す資質・能力の育成に資するものであり、<u>学校教育の一環</u>として、教育課程との関連が図られるよう留意すること。その際、学校や地域の実態に応じ、地域の人々の協力、社会教育施設や社会教育関係団体等の各種団体との連携などの運営上の工夫を行い、持続可能な運営体制が整えられるようにするものとする」（下線、筆者）

部活動が学校教育の一環であること

　まずは、部活動が学校教育の一環としてあることを明確にする必要がある。その点をおさえ、教育課程との関連をはかり、教育課程外の教育活動としての部活動と学校教育とのつながりを明確にしていくことが求められる。

　しかし、各教科等の授業をはじめとする教育課程のもとにある教育活動と教育課程外に位置付けられる部活動は、それぞれ個別の活動としてとらえ、

両者の結び付きについて、あまり深く追求してこなかったところがある。すなわち、授業は授業であり、部活動は部活動であって、それぞれの営みとして理解されてきたということである。

その意味で、部活動の教育的意義は盛んに説かれるものの、教育課程との関連をはかる取組については、多くが今後に委ねられているといっても過言でない。

部活動は熱心に取り組むものの、授業を軽視する生徒を生み出す学校の在り方が改めて問われてよい。このような生徒の日常の姿によって表される教育課程との関係が切れた部活動の放置は望ましいことではない。あるいは、授業改善への手当てが必ずしも十分に行き届かない面を、部活動に過度に依存する学校についても見直すべき点は多分にある。

改めて、教育課程外としてなされる部活動は、教育課程内としての授業や諸々の活動との関連を明らかにすることを通して、生徒の成長をはかる機会や場であることを共通理解する必要がある。すなわち、各教科等の授業を通して学んだことを生かし発展をはかる場としての部活動について、その在り方を探る取組が期待されるところである。

いずれにしても、学校のグランドデザインなど全体構想をめぐり、教育課程との関連を明確にする観点から、部活動の位置付けについて再設計をはかることが問われていることを確認しておきたい。

バランス感覚の大切さ

このように、これからの部活動には、学校の教育課程とのつながりが欠かせないということであり、部活動の指導者には、両者の関係が見えていることが問われることになる。

また、学校教育の一環としての部活動であるには、一人一人の教職員の健全なバランス感覚も欠かせない。とかく行き過ぎるところに部活動が抱える課題がある。勝利至上主義が頭を持ち上げることもその一つであり、危険水

域を超えた勝利至上主義を健全な状態にまで引き戻す鍵もバランス感覚にあるといっても過言でない。

　別の言い方をするならば、学校教育の一環としての部活動は、教職員それぞれのバランス感覚によって形成される組織文化によって支えられるものであって、その健全性の維持が欠かせない。

　いわゆる教師の働き方改革をまとめた中央教育審議会「新しい時代の教育に向けた持続可能な学校指導・運営体制の構築のための学校における働き方改革に関する総合的な方策について（答申）」(2019（平成31）年1月25日)は、次のように述べている。

　「部活動については、児童生徒がバランスの取れた心身の成長と学校生活を送ることができるようにするためにも活動時間を抑制するとともに、顧問については、教師の勤務負担の軽減や生徒への指導の充実の観点から、学校の教育方針を共有した上で、学校職員として実技指導等を行う部活動指導員や外部人材を積極的に参画させることが重要である」

　学校教育の一環としての部活動は、生徒の学校生活をはじめ日常の全体的な生活への目配せと、休養日や活動時間の適切な設定を含めたバランスある配慮が欠かせない。

　なお、部活動にあたって、地域の存在を無視することはできない。しかも、これからの部活動を展望するならば、地域が鍵を握っているといっても過言でない。その意味で、部活動に対するバランス感覚の維持は、学校内にとどまるものではなく、学校と地域との関係づくりおいて共有して追究をはかるべきテーマということになる。「社会に開かれた教育課程」という理念の実現にあたって、学校教育の一環としての部活動の実現もその試金石となる。

12

道徳教育をカリキュラム・マネジメントする

先行して実施：授業の質的転換

　このたびの学習指導要領改訂の先駆けとなったのが道徳教育改革である。2015（平成27）年3月27日、学習指導要領の一部が改正され、「道徳」は「特別の教科である道徳」（以下、「道徳科」）と改められた。これによって、小学校では、2018（平成30）年度より、中学校では2019（平成31）年度より、「特別の教科　道徳」として本格実施となった。

　このように改訂に先行して誕生した道徳科を、「社会に開かれた教育課程」の実現を目指す学習指導要領改訂に位置付け、全体としてのバランスをはかる役割を果たしたのが、道徳教育に係る評価等の在り方に関する専門家会議の「報告」（2016（平成28）年7月22日）である。また、教育課程部会のもとに設けられた、考える道徳への転換に向けたワーキンググループも、その役割を果たし、審議の結果は中央教育審議会の「答申」（2016年12月）（以下、「答申」）に収められた。

　その道徳科のねらいは、道徳教育の質的転換である。改訂の方向性を示した「答申」は、「特別の教科」化のねらいについて、「答えが一つではない道徳的な課題を一人一人の児童生徒が自分自身の問題と捉え、向き合う『考え、議論する道徳』へと転換を図るものである」と述べている。

　これまでの授業が話し合いにとどまったり、読み物の登場人物の心情を読み取ることに偏りがちであったとして、多様な指導法を用いて質的転換をはかるとした。すなわち、自ら考え、他者と対話し協働しながら、よりよい方

向を模索し続け、道徳的諸価値について多面的・多角的に学ぶ道徳教育への転換を目指すとした。

　このような授業の質的転換は、道徳教育に限られるものでなく、このたびの改訂が全体として目指すところでもある。問われなければならないのは、その質的転換をどこまで推し進められるか、授業改善が課題とされる。

カリキュラム・マネジメントのすすめ

　この点について、小学校学習指導要領総則は、道徳教育に関する配慮事項の一つとして次の事項をあげている。

　「道徳教育の全体計画の作成に当たっては、児童や学校、地域の実態を考慮して、学校の道徳教育の重点目標を設定するとともに、道徳科の指導方針、第3章特別の教科道徳の第2に示す内容との関連を踏まえた各教科、外国語活動、総合的な学習の時間及び特別活動における指導の内容及び時期並びに家庭や地域社会との連携の方法を示すこと」

　この文言は、カリキュラム・マネジメントのすすめとして読み取ることもができる。

　一方、「答申」は、道徳教育の改善について述べた箇所において、次のようにカリキュラム・マネジメントにも言及している。

　「小・中・高等学校のいずれにおいても、カリキュラム・マネジメントの視点から、各学校が作成する道徳教育の全体計画及び別葉の中において、学校の道徳教育の重点目標に基づき各教科等で育成を目指す資質・能力と道徳科で育成を目指す資質・能力や指導内容等の関連を図ることを示すことが考えられる」

　この趣旨をふまえ、カリキュラム・マネジメントの発想と手法をもって、道徳教育の全体計画の作成と運用をはかることが考えられる。全体計画の作成を、カリキュラム・マネジメントの導入をもって意識上に引き上げ「活き体」にしていくのである。カリキュラム・マネジメントに戸惑っている学校

には、道徳教育の改善から始めるのも一つの方策ということになる。

誰を「道徳教育推進教師」に

　この全体計画の作成をはじめ道徳教育のカリキュラム・マネジメントをリードするのが「道徳教育推進教師」である。「道徳教育推進教師」とカリキュラム・コーディネータとは重なってくる。

　もっとも、地域と学校との間をつなぐ"地域コーディネータ"は市民権を得つつある一方、"カリキュラム・コーディネータ"となると、教務主任や研究主任が実質的に役割を果たしているとみることもできるものの、話はこれからといったところである。

　しかし、昨今の学校の状況からして、全体として目指す方向を示し、教育活動をつなぎ、組織間や個人間の関係を調整するなど、コーディネートの役割を果たす人やポジションが必要になってきている。

　そこで候補者となると、まずは、全体計画の作成に携わる人ということになる。学習指導要領では、道徳教育にとどまらず、総合的な学習の時間、特別活動、それに健康や安全に関する教育など、様々な全体計画の作成を求めている。これら全体計画を作成する立場にいる教職員は、いずれも"カリキュラム・コーディネータ"の候補者ということになる。

　そのなかにあって、道徳教育の質的転換を先頭に学習指導要領改訂を進めている状況をふまえ、まずは、「道徳教育推進教師」に"カリキュラム・コーディネータ"としての役割を求める校内人事があっておかしくない。

　あるいは、その候補者は、道徳の授業は校内ピカ一であっても、教育課程は今一つというところかもしれない。ならば、大いに教育課程を学んでもらえればということになる。「道徳教育推進教師」の育成を通して"カリキュラム・コーディネータ"を育てていくのである。

　いずれにしても、道徳教育の質的転換とカリキュラム・マネジメントは連動する。わが校において核となるミドルの育成と成長が注目される。

［著者紹介］

天笠　茂（あまがさ・しげる）

千葉大学特任教授。千葉大学名誉教授。千葉大学講師、助教授、教授を経て現職。川崎市公立学校教諭、筑波大学大学院教育学研究科博士課程単位取得退学。専門分野は、学校経営学、教育経営学、カリキュラム・マネジメントなど。日本教育経営学会理事。日本カリキュラム学会会員。日本義務教育学会会員。中央教育審議会副会長、同初等中等教育分科会教育課程部会長。主な著書、編著書に、『スクールリーダーとしての主任』（東洋館出版社、1998年）、『学校経営の戦略と手法』（ぎょうせい、2006年）、『カリキュラムを基盤とした学校経営』（ぎょうせい、2013年）、『学校と専門家が協働する―カリキュラム開発への臨床的アプローチ―』（第一法規、2016年）、『平成29年改訂　小学校教育課程実践講座　総則』（ぎょうせい、2017年）、『平成29年改訂　中学校教育課程実践講座　総則』（ぎょうせい、2017年）など。

新教育課程を創る学校経営戦略
カリキュラム・マネジメントの理論と実践

令和2年4月1日　第1刷発行

著者　天笠　茂
発行　株式会社**ぎょうせい**
　　　〒136-8575　東京都江東区新木場1-18-11
　　　電話番号　編集　03-6892-6508
　　　　　　　　営業　03-6892-6666
　　　フリーコール　0120-953-431
　　　URL https://gyosei.jp

　　　〈検印省略〉

印刷　ぎょうせいデジタル株式会社
乱丁・落丁本は、送料小社負担にてお取り替えいたします。
©2020　Printed in Japan　禁無断転載・複製

ISBN978-4-324-10768-3（5108583-00-000）　［略号：新課程戦略］